大夏书系·教师教育精品译丛

The School Leader's Toolkit:
Practical Strategies for
Leading and Managing

学校领导与管理
的实用策略

[英] 玛丽·道 / 主编

田 田 / 译

华东师范大学出版社
全国百佳图书出版单位

The School Leader's Toolkit: Practical Strategies for Leading and Managing
Edited by Mary Dawe

Chapter 1 © Mary Dawe 2013
Chapter 2 © Domini Bingham 2013
Chapter 3 © Linda Trapnell 2013
Chapter 4 © Carol Taylor 2013
Chapter 5 © Pauline Lyons 2013
Chapter 6 © Douglas MacIldowie 2013
Chapter 7 © Jenny Francis 2013
Chapter 8 © Tom Cragg 2013
Chapter 9 © Sue Hellman 2013
Chapter 10 © Louise Ishani with Elvira Gregory and Karla Martin 2013
Chapter 11 © Kim Insley 2013
Chapter 12 © Barbara and Graham Saltmarsh 2013
Chapter 13 © Caroline Dargan 2013

Original edition published by SAGE Publications of London, Thousand Oaks, New Delhi and Singapore.

Simplified Chinese translation copyright © East China Normal University Press Ltd, 2018.

本书原版由 SAGE Publications of London, Thousand Oaks, New Delhi and Singapore 出版。中文简体字翻译版由 SAGE Publications of London, Thousand Oaks, New Delhi and Singapore 授权华东师范大学出版社有限公司独家出版发行。

All Rights Reserved.

上海市版权局著作权合同登记 图字：09-2016-425 号

目 录

第一部分　领导与管理学校员工

1. 领导与管理 ··· 003
   - 信任 ··· 003
   - 了解自己 ·· 004
   - 建立积极向上的文化 ·· 005
   - 创建清楚明了的愿景 ·· 006
   - 发挥长处 ·· 009
   - 让他人得到发展 ·· 009
   - 承担责任 ·· 011
   - 领导力风格 ··· 012
   - 开展辅导与指导 ·· 014

2. 教育界的幸福感 ··· 019
   - 为什么幸福感很重要 ·· 019
   - 规划幸福感 ··· 023
   - 将规划付诸实践 ·· 025

3. 冲突的解决 ··· 038
   - 冲突的原因 ··· 038
   - 情商、智商与灵商 ··· 039
   - 动机与思维方式的差别 ··· 040

　　　　分析与预防冲突情形的方法 ································· 044
　　　　引导高难度谈话，让他人负起责任 ························· 047

4. 引导专业学习与发展 ··· 050
　　　　专业发展——目的、环境与益处 ··························· 050
　　　　战略性地引导专业学习与发展 ····························· 053
　　　　了解专业发展带来的变化 ································· 057
　　　　支撑有效专业发展的九要素 ······························· 060
　　　　合作式探究与辅导将有益于高效的专业发展 ················· 062
　　　　在团队内分享并庆贺新的学习与高效的实践 ················· 066

5. 领导后勤人员 ·· 069
　　　　领导与管理的重要性 ····································· 069
　　　　针对所有职员的专业发展框架 ····························· 074
　　　　一项发展后勤人员领导与管理能力的领导力项目 ············· 076
　　　　心理学理论 ··· 076

第二部分　学校内部的领导与管理

6. 领导与管理财务 ·· 085
　　　　引言：整个学校概况 ····································· 085
　　　　钱从哪里来：资金来源 ··································· 085
　　　　建立预算 ··· 087
　　　　监控支出 ··· 092
　　　　汇报进程 ··· 093
　　　　稳妥的金钱观 ··· 095
　　　　标杆管理 ··· 095

7. 管理数据 ·· 102
　　　　数据的目的与价值 ······································· 102
　　　　学校与学生数据 ··· 102

数据评估 ·· 104
　　　使用数据分析 ·· 106
　　　数据的其他来源 ·· 111
　　　灵活使用数据 ·· 113
　　　国家课程阶段之外 ·· 117

8. 课程管理 ·· 119
　　　切尔西学院：为 21 世纪创建的课程 ······················ 119
　　　关键阶段 3 ·· 120
　　　关键阶段 4 ·· 126

9. 领导与管理变革 ·· 134
　　　对于变革，我们了解多少？ ······························ 134
　　　变革的模式 ·· 135
　　　找到变革的需求 ·· 137
　　　获得同事、学生以及利益相关人的支持 ···················· 140
　　　创建一个与变革相关的愿景 ······························ 142
　　　发展可持续的变革 ·· 144
　　　变革的领导力 ·· 146

10. 全纳环境下的领导与管理 ······································ 150
　　　全纳的定义 ·· 150
　　　全纳教育的领导与管理 ···································· 152
　　　学校案例学习 ·· 153
　　　了解背景 ·· 165

11. 通过教师主导型研究来促进学校进步 ·························· 169
　　　什么是行动研究？ ·· 169
　　　自我评估：不必要之举？ ·································· 171
　　　行动研究与教师、教学辅助人员以及后勤人员 ·············· 173

行动研究方法论 ··· 174
自我反思与自我评估的挑战 ······································ 175
创建一个行动研究项目 ·· 177

第三部分 放眼外部

12. 迎接英国教育标准办公室的检查 ································ 183
Ofsted 的历史简要介绍 ··· 183
Ofsted 框架与评估安排 ··· 185
Ofsted 到来之前可以实际做点什么 ······························· 187
需要准备的一些事情 ·· 189
督察员到来之前 ·· 190
检查开始 ·· 190
督察员到访 ·· 192
每个孩子都重要 ·· 193

13. 创建有效网络 ·· 197
网络化——我们指的是什么？ ···································· 197
网络使用者可能会担心的问题 ···································· 198
网络的目的 ·· 199
下一步的实践将是什么？ ·· 200
一个优秀网络工作者的技能与特质 ································ 204
教育网络 ·· 208

作者简介 ·· 214

第一部分

领导与管理学校员工

1. 领导与管理
2. 教育界的幸福感
3. 冲突的解决
4. 引导专业学习与发展
5. 领导后勤人员

领导与管理

玛丽·道

通过与学校校长、基层负责人或者部门主任的谈话,我们发现他们认为针对自身最大的挑战则是如何领导或者管理下属,而下属存在的问题通常是反对任何变革,要么能力不足,要么缺乏动力。

约克郡流传着一句话:"你我之外,人人都怪,你说我怪,你却更怪。"其实问题的关键在于,我们都是复杂的动物,我们有着不同的需求、需要不同的激励因素、有着不同的背景以及行为举止。因此,通往成功领导力的关键是——了解他人。

信任

我认为重中之重是信任。在与许多中层领导或者新上任校长的接触中,我常常发现,在高层与中层领导之间,在不同领域之间,或者在不同年龄段之间,都存在缺乏信任的问题。如果你希望得到大家的信任,那首先要让自己值得信任,这需要时间。信任可以通过以下途径获取:

- 尊重他人——无论对方地位如何
- 鼓励他人参与并寻求他人支持——如果你需要支持的话
- 帮助他人学习技能——持续的专业发展
- 做正确的事——诚信有道
- 始终如一——并非以相同的方式对待每个人,而是公平地对待每个人

- 分享信息——太多的领导认为保有一定的秘密才是有效的管理
- 讲述真相——依旧是诚信待人
- 承认错误——避免陷入"归咎文化"（blame culture）的最佳途径
- 提供并接收建设性反馈意见——重点在于"建设性"
- 保守秘密——在合适的时候

我的一位朋友在市中心一所小学任校长。上任之初，学校的归咎文化氛围浓厚，她为了打破这种文化氛围，允许教师承担风险、偶尔犯错。她经常说："我不会再开那种大会了，开会根本没什么用处。"学校的教师逐渐了解到犯错误是可以接受的，但即便这样，校长还是花费了相当长的时间才建立起彼此的信任。

一旦建立起了信任，那么让每个人都承担起相应责任就并非难事，因为大家都知道你是平等待人的，你是诚实守信的。

史蒂芬·科维（Stephen Covey）于2006年出版了《信任的速度》（*The Speed of Trust*）一书，书中阐明，因为缺乏信任，美国经济每年承受着数百万美元的损失。信任的缺失导致各个工作环节拖沓。哈格里夫斯（1994:424）认为，积极的信任意味着"教师对待自己的同事会有更强的义务感与责任感"。换句话说，信任也意味着互相依赖。

了解自己

理解他人的过程极为复杂，但在这之前，应当先做到了解自己。不妨问问自己如下问题：

- 你是否了解并能够掌控自己的情绪？
- 你是否了解他人的情绪？是否会感同身受？（这几个问题与情商有关。）
- 你是否被价值观所驱使？你的价值观是什么？你关心的是什么？
- 你是否了解自己的道德目的？
- 你是否可以清晰讲述自己的这些价值观？

如果你可以明确自己做事的出发点，那么你就会更好地做到正直与诚实。因为当他人了解了你的决定并不是任意武断的，而是基于你的价值观的驱使，那他们一定会尊敬你。有些领导会担心显露自己的价值观，害怕这样会产生争论和冲突，然而贝尼斯与托马斯则认为：

> 若团队的价值观清晰明了，参与者的看法会更加准确，做决策的过程也会更简单、更迅速。拥有公开、明确的价值观的团队，往往都会胜过其他同业者。在多种多样的工作环境中，每个参与者都应牢记，宽容才是最重要的价值，这样的价值观才不会造成分歧。（2007）

学校若保有清晰的价值观，那么教师也会受此影响。彼得斯与沃特曼曾评述："对于你的下属来说，他们只要掌握几条清晰明确的说明与规则，在大多数情况下，他们都会知道该怎样工作了。"（1995：76）

杰夫·索思沃思（2008）也提示我们重新审视价值观的重要性：

> 领导与管理属于一种社会行为，专业的领导与管理应当建立于充分的专业知识以及合理的判断之上，而绝非基于某些浅显的观点，或者不充分的证据、经验。起到支撑作用的价值观应当放在明处，并且不断接受质疑与挑战，而不是让它一成不变，并且不经受任何检验。

建立积极向上的文化

文化，简单地说，就是"我们做事情的方法"。（迪尔和肯尼迪，1982）这就表示，文化意味着一整套不成文的规矩和价值观，这些规矩与价值观是随着时间的推移而形成的，并且成为组织内部行为的指导准则。你可以看一下你学校的接待处，那里显示出了什么样的价值观？谁会被允许进入这个区域？这能告诉你什么？

学校的氛围指的是"在这里工作的感觉如何"（迪尔和肯尼迪，1982），包括人们在这里工作的感觉、期许以及来到这里的印象。

作为领导，你对学校、教职员工或者学院的文化以及氛围的影响是非常大的。你可以决定学校的环境，但更为重要的是，你可以选择以何种方式与教师共处。你可以是一位广受尊敬、时刻保持冷静的领导，可以是与教师见面主动打招呼的领导，也可以是凡事向好的方面看，而不是处处吹毛求疵的领导。当事情出了差错的时候，你不责备，而是说："我们该怎么矫正这个问题？我们怎样确保类似事件不会再次发生？"

基于工作原因，我拜访过很多学校。有的学校是我特别愿意前往的，因为那里让人觉得很温暖，散发着积极的正能量。孩子们问候教师，教师也回应着孩子们，当然，教师之间也彼此问候。那里传递的信息是以人为本的。当你在学校散步的时候，你能够听到教室里嗡嗡的讨论声，年轻人在这里没有隔阂。

相反，有的学校让我从接待处开始就特别不舒服。这里的人们没有任何眼神交流，你可以看到被从教室里赶出来的孩子们站在走廊里，校园里也没有什么展示区域，这里有的，只是折磨。那么，你希望自己的孩子或者朋友的孩子去哪所学校学习呢？

文化与氛围不仅会对教师与学生的动力来源产生影响，同时也会对日后的发展构成影响。迪尔和肯尼迪（1982）以及迪尔和彼得森（1998）认为，倘若许多不正常的学校文化（比如自我中心、目光短浅、士气低落、人心涣散、朝三暮四、情绪失控），以及次属文化价值观凌驾于公开的学校主流价值观之上，学校整体的发展进步必定会遭受阻碍。

所以请重新审视一下你所在的学校、院系以及部门的文化，并自检以下问题：

1. 看看屋子里，你的哪些所见所闻能够反映出学校的主要价值观？
2. 看一下学校的宣传册和（或）网站，传递了哪些主要信息？这些信息是真实存在的吗？你需要将这些信息转化为事实吗？
3. 回忆一下，上一次出错是什么时间？你是怎么处理的？是否属于"归咎文化"？
4. 如果其他人有了个好主意，你如何知晓？你是否愿意倾听？
5. 学校教师待遇如何？他们是否得到尊重？

创建清楚明了的愿景

作为领导，你必须带领下属前进。你是否知道前进的方向？倘若给你一年时间，你期望学校会变成什么样子？三年之后呢？这就是你的愿景——你所渴望的未来。我在拜访各所学校的过程中，总会不断地提问："你知道学校的愿景吗?"没想到可以描绘出未来的教师或学生竟然寥寥无几。对于一所学校的发展来说,能够建立一个振奋人心的愿景,从而让教师与学生都拥有明确的使命感,这极为重要。

要让每个人都了解学校愿景,最佳途径就是邀请他们参与其中。带领你的团队将愿景的画面不断地进行想象,是一个绝佳的开始。如果你的学校拥有出色的教学与学习团队,你将会看到、听到或者说些什么?学生们又会看到、听到、说些或者做些什么呢?

虽然让所有人达成一个共同的愿景是很难的事情,这需要充分地发挥你的领导力,但拥有共同的目标对学校的发展至为重要。卡塔尔的一所英语国际学校——多哈学院的校长马克·莱帕德一直致力于研究愿景这一话题。他会询问董事会,学校代表着什么?学校会发展成什么样子?在年度论坛中,他也对家长们提出这些问题,他还在集会的时候向所有的教师与学生提出相同的问题。这些信息经过核对,成为高层领导团队(SLT)以及董事会会议开展讨论的基础。会议结束之后,他们已经形成了《愿景、使命与核心价值观》的初稿。在全校大会上,校长与董事会主席向全校人员宣读该初稿。随后,参会者们被划为不同讨论小组,就《愿景、使命与核心价值观》提出自己的观点。信息再次被整理之后,SLT和董事会召开第二次会议,形成定稿。这份定稿也广泛征求教职员工意见,确保没有强烈的反对声音,每个人都知道日后的发展方向。最终,定稿被分发至家长与学生手中。

其实,单单就"愿景"这个词来说,完全就是一个没有付诸行动的白日梦。使命才是学校实现愿景的途径,我将愿景视为旅途的一个终点。我需要一份行动方案(发展方案)来实现这一目标。我希望所有人都能与我共同踏上这段旅途,只要每个人都明确了终点的方向,我也不介意我们采用殊途同归的方式抵达彼岸。

为了让每个人都了解愿景,我们需要经常将其拿出来讨论。在这一过程中,我们使用的都是丹尼尔·戈尔曼(Goleman et al., 2002)提出的愿景领导方式,即调动全员向着愿景前进。一旦学校有了自己的愿景,怎样让愿景在人们的心中保持鲜明就更加重要。我认识一位校长,每当她遇到新的提议的时候,都会问一句:"你怎么知道这符合我们的愿景发展?"她以此方式不断提醒教师勿忘学校的愿景。在多哈学院,类似问题已经列入绩效管理中,他们会问教职员工:"你去年的所有工作有没有对学校的愿景、使命以及核心价值观做出贡献?"在招聘的过程中,学校也会让求职者思考自己能否对学校的愿景、使命以及核心价值观做出贡献,如此一来,更加能够确保新员工的投入。在与学生领导的谈话中也会引入类似问题。在学校的开放日,学校会了解学生以及家长是否支持学校的愿景、使命以及核心价值观。我认为,让学生也时刻了解和参与学校的工作以及愿景,这非常重要。我上一次去参观多哈学院的时候,10年级的学生正在制作介绍学校愿景的海报。

你还需要让他人在计划愿景的过程中积极行动起来,这才是能够将愿景付诸实践的途径。作为领导,你会发现实现愿景的过程中会有一些变化,因此你需要确保教师与后勤人员有足够的技能应付这些变化。如果技能不足,你是否需要规划一个培训项目?或者,你是否准备好了足够应对变化的相应资源?在我了解的一所中学曾经发生过这样的事情,学校通知所有教师:下学期他们都需要教授法语。这一通知引发了极大的焦虑与恐惧,因为没人事先了解教师们的法语技能。还有一所学校在业务进修日以及无数的会议中为教师们安排了一项新的阅读计划,然而之后才发现阅读教材还需要半学期才能拿到手。这类事情常常带来很大的挫折感。

对于中层管理者来说,可以在学校整体愿景的基础上制定一个自身团队的愿景计划,但这一愿景需融入学校愿景的整体架构,并且为整体的发展方案提供具体的细节。例如,小团队的愿景计划对于我的院系、年级组、员工或者某个主要阶段来说意味着什么?对于我自身来说意味着什么?我的团队需要怎么做才能实现这个愿景?是否存在一些特定的情况,即对于小团队愿景计划十分必要,却并不属于学校整体愿景的一部分?哈里斯断言,"一刀切"的模式并不理想,因为"人们之所以在一起工作与学习,是因为在这个大目标之下,人们可以建构并且改善共同的愿景,也可以实现一系列的小目标"。(2002:24)

校长还需要监控工作进度,经常检查所取得的进展以及愿景。如果环境发生变化,需要及时调整团队的愿景吗?

发挥长处

为了实现愿景，作为领导，你必须与自己的团队合作。吉姆·柯林斯于 2001 年出版的《从优秀到卓越》（*From Good to Great*）一书中曾指出"要与正确的人搭一辆车"。这在招收新人或者创建一所新学校的时候是一条非常有用的建议，可事实上，往往这辆车里已经坐上了较早上车的乘客。因此，重中之重是要去了解这些教师，了解什么可以激发他们、他们在教育过程中关注什么问题，以及他们有何长处。或许你已经了解他们的某些长处，但仍需要再问一问。有些人会隐藏起自己的长处，还有一些人认为自己在之前岗位上表现出来的技能与现在的工作并无关系。尤其是对于抗拒改变的人来说，发挥他们的长处尤为重要。人们往往会对变化感到恐惧，但他们通常拥有宝贵的经验，如果你能够让他们鼓起勇气，就可以积极地发挥出他们的长处来。

一旦明确了每一位教师的长处，那就可以通过专业发展来使他们的工作能力得到拓展和提升。

让他人得到发展

一所好的学校是能够让人在其中不断学习的。为了学校的进步以及留住优秀的教职员工，校长必须承担起促进教师专业发展的任务。校长需要确定什么样的专业发展是顺应学校愿景的。专业发展并不仅仅意味着送教师们去上课或者安排全校性的培训学习。校长需要考虑如下问题：

- 给教师时间来确定研究主题
- 同行观摩或者专家观摩
- 拜访兄弟院校
- 随访
- 辅导与（或）指导
- 行动研究

迪伦·威廉曾讨论过万一旧有行为已经根深蒂固并且成为课堂实践中一

种默认工作方式的话,再进行变动会有多困难:

例如,几个月前,一位就职于新泽西北部小学的教师曾对我讲述她为了改变自己的问话技巧而做出的努力。她让学生将名字都写在冰棍棒上,她随机抽取冰棍棒,被抽到的学生需要回答她的问题——这样可以激发学生的参与性,扩大回答问题的学生的范围,而不局限于经常参与的那几位。然而,在实施的过程当中,她发觉对于自己来说,向特定学生提问是一件有难度的事情,因为她总会习惯性地以"有没有人知道……"这样的开头进行提问。这位老师很是灰心,她想不明白为什么这么简单的变化实施起来会很困难。这位老师已经执教 25 年有余,我们发现,在她的执教过程中,她可能几百万次地提出问题。假设我们几百万次地重复做一件事,那么对这件事的任何改变都将非常困难!(2008:38)

对于参加教师学习共同体的所有教师,威廉推荐他们尝试一些小组学习的新方法。他建议学习小组做到如下几点:

- 小组学习坚持两年;
- 从志愿者开始;
- 每月集会时间 75 分钟以上;
- 每组目标人数为 8~10 人;
- 留相似的任务;
- 让教师们列出适度、简洁的行动方案。(威廉,2008)

无论你是学校的校长,还是中高层的领导,你都不可能凡事亲力亲为,因而你必须提高你的领导能力。当一位教师刚刚晋升为学校领导时,他升职的原因往往是个人的专业知识或者课堂教育教学能力,但是在领导或者管理他人的方面,他并没有得到相应的指导。阿尔玛·哈里斯等人(2001)发现了这一点。以下是来自两所学校的提升学校领导力的方法。

我们先来看一份由伦敦北部的威洛女子学校校长提供的信息:

- 新教师入职培训——新晋升的学校领导也需要进行岗前培训
- 召开年度中层领导会议

- 领导能力交流——中层领导访问伦敦的其他学校
- 通过技术研讨会拓展工作
- 领导团队借调——中层领导申请参加为期一年的高层领导团队借调活动
- 学习"中层领导""领导力途径""明日领袖"以及其他国立大学课程

在伦敦东部的霍利学校,中层领导们在完成国立大学中层领导培训项目的学习之后,由中层工作进展到高层管理,并且开始与那些即将退休的高层领导共同工作。学校感觉培养出了自己的领导。

不过,校长应当知晓的是,如果学校致力于培养自己的领导,前提是学校拥有一批优秀的人才,他们希望打破上升的天花板,他们更愿意集体学习,做项目,进行培训,激发新想法,他们希望在未来能够进一步提升自己。对于这些期待发展的人才,学校能够给予满足,是越来越重要的事情。苏格兰的教育督导署(HMIE)对于领导管理责任的分配问题发表过如下意见:

在一个构成复杂的组织内部,若希望各项功能都可以正常运转,那么最有效的方式就是领导能够分享责任义务。综合性儿童服务政策与实践议程,作为联合工作的一种支持,已经对领导管理责任的分配提出了越来越高的要求。变化的规模与速度都越来越需要各个层次的领导承担责任,并且提升更为广泛的实践力。我们将看到更多响应式的、有弹性的领导模式。领导力的实践已经与每一位员工相关,而并非仅仅是高层领导的事情。(HMIE,2007)

在领导力充分发展的学校里,每一位教职员工都会对学校做出一定贡献,每位教师的观点都会被采纳、被支持。分享各自的想法变得简单,人们可以了解到其他人那里都在如何进展。

承担责任

我们已经讨论过了信任、积极对待教师、创造积极向上的学校文化、创建相互分享的愿景、发挥长处以及提升他人等话题。除此之外,学校校长还需要经常提醒人们要承担起自己应负的责任。我的同事琳达·特拉普内尔在本书第三章会具体讨论这个话题,因此,我在此无需多言。如果校长已经非常明了自己的价值观、已经设定了明确的愿景和清晰的标准，那么教师就会知道你对他们的期望是什么，这一点是值得一再强调的。因此，校长必须去和那些没有完成分内工作的教师进行交流。我一直在与领导们探讨对教师管理的责任，但学校领导的第一责任是需要对学生们负责。若学生的教育出现了问题，校长就要在第一时间出面解决。

领导力风格

丹尼尔·戈尔曼（戈尔曼等人，2002）罗列出六种领导力风格，分别描述了领导者与下属间的不同沟通方式。或许你现在使用的是自己习惯的方式，但这不分什么对与错。你需要在恰当的环境中针对恰当的人使用恰当的方式。

命令式

命令式的表达通常是"就这么办"，但尽量少这样说。这种方式很难得到别人对你的认同，不过，当团队面临危机，或者在无法调和的问题上你必须做出决断的时候，你就有必要采取这种方式。比如，英国教育标准办公室（Ofsted）将于三日后到访，你要确认全校员工都阅读完毕学校已经定稿的新政策，此时不需要再讨论，你只需要说："大家请做到阅读并熟悉我们学校的教学政策。"另外一个使用命令语气的场合是，当你认为某项事情很重要却遇到了阻力的时候。如果很多次沟通之后依然受到阻碍，那你只需说："就这么办！"

愿景式

愿景式的表达通常是"跟我一起吧"。对所有领导而言，愿景式的领导风格非常重要。你给年轻人创造的学习机会将会为他们带来一个不曾了解的新世界。领导的愿景可以激发、鼓励员工前进。不过，如果你的团队中有人讨厌改变或者极度地墨守成规，那你就需要谨慎地使用这种领导方式。这样的员工不需要多么宏大的计划，而是需要你提供一些小步骤，让未来与他们的过去有所连接。

标杆式

在实施改革的过程中，你可以考虑该类型。领导可以为职员做榜样，告诉他们学着你的样子去做。这在较短时间内会比较有用。不过，这不利于弹性与创造性的发挥，因此，采取多长时间的标杆式领导方式，需要斟酌。如果你的下属特别认同并拥护你的改革方案，这样的领导类型反而有可能会起到负面作用。

亲和式

这种方式提倡以人为本。领导需要了解自己的团队，并且对员工的福利表示关注。"你儿子怎么样了？好些了吗？""周末愉快吗？""今天是你的生日，我可不想看到你还在加班呢。"这些都是亲和式的领导风格。许多人会因此而积极配合领导，但不要过于亲和。一旦领导过于亲和，恐怕难以让员工承担起自己的责任。

民主式

在征求意见、记录团队成员观点的时候，可以采用民主式。但注意，不能一直采取这种方式，因为特别浪费时间，不过大多数人对这种方式心存好感。只要下属们认为领导是以人为本的，那么民主式管理会比较容易让大家投入到任何改革当中。

辅导式

辅导式可以让他人有所进步，并且显示出领导对员工想法的尊重与信任。我最近接触过的一个将辅导式领导发挥到极致的案例。一位教师来到校长办公室反映一个孩子的问题。校长问教师："你觉得自己应当怎么做？"教师说出了自己的建议。校长说："那还有什么理由阻止你这么做呢？"教师沉默了几分钟，"我这就去。"然后转身离开校长办公室。这种领导方式没有你想象的那么耗费时间，它反而会激发团队成员的投入与使命感，因为职员会看到领导对自己的尊重与信任。但也会有人对这种方式不感兴趣，他们希望领导来帮助他们解决所有问题。你也可以坚持辅导这样的下属，但需要相当长的时间才会有所改变。辅导式管理能够让他人享受到成就感。

开展辅导与指导

辅导式的领导方式非常有效，而且就辅导本身而言，不仅可以提升自己，也可以提升他人。如果你对这一话题非常感兴趣，可以去阅读这方面的专家的著作。此处将列举一些辅导的基本原则。

培训与发展机构（TDA）以及国立大学都特别推崇"辅导"这一概念。以 TDA 目前的教学标准来看，辅导贯穿了教师的整个职业生涯，从实习教师，到刚入职教师，再到校长。这些标准要求人们具备辅导他人的能力，并且能够将这些能力发挥到工作中。

国立大学已将"辅导"列入所有领导培训项目当中。目前来看，人们普遍认为"辅导"与"指导"的运用会有益于学习与发展，这既囊括了课堂实践，以及更广泛的专业/技能发展，也涉及了校内领导的发展与管理分配。

目前，对"辅导"（coach）与"指导"（mentor）的定义数不胜数，但缺乏一致性。有些关于辅导的定义在本质上与指导的定义相似。不过，通常认为，指导主要意味着将知识传递给经验相对不足的工作人员，这通常与长远发展或人生转型有关。辅导则意味着较少依赖专家，它更强调辅导者有能力帮助被辅导者获得去学习、去改变的技能。有的人认为辅导是一种更短期的焦点式活动，它与具体表现或技能的提升相关。

以下列举几条定义：

- "辅导是一种促进人表现、学习以及发展的艺术。"（唐尼，1999）
- "辅导意味着激发他人潜质，将其能力最大化发挥。辅导更多意味着帮助他人学习，而并非教授知识。"（加尔韦，2000）
- "辅导着眼于未来的各种可能性，而并非过去犯过的错。"（惠特莫尔，2002）
- "辅导是一种合作式的、着眼于问题解决的、以结果为导向的系统性的过程，辅导的过程帮助被辅导者提升工作表现、生活经验、自学能力以及个人成长等。"（格兰特，2003）

在库里设计的《辅导与指导的全国性框架》（www.curee-paccts.com）中明示了专家辅导与协作辅导的定义（"协作辅导"与迪兰·威廉的教师学习

共同体的理念相似）：

专家辅导是让专业的学员就某一方面的实践得到提升的结构性的、可持续的过程。协作辅导则是两位或者两位以上专业的学员将从专家那里获得的知识与技能运用到日常实践的结构性的、可持续的过程。（Curee, 2005）

"指导"一词的概念源于荷马的《奥德赛》：孟托（Mentor）是一位年长的智者，奥德修斯将儿子忒勒马科斯托付给他。从这个故事可以看出，指导意味着一位年长且经验丰富的人帮助另外一位年轻的、经验不足的人。《全国性框架》这样定义："指导是帮助专业的学员做好重要的职业转型的结构性的、可持续的过程。"（www.curee-paccts.com/）

"辅导"建立在双方关系对等的基础上，"指导"与之相同，也是基于双方的互相尊重以及对对方资源和潜能的信任。因此不要简单地认为指导就是提供意见而已。本文接下来将对"辅导"着重加以阐述。

詹妮·罗杰斯（2004）列举了辅导的如下原则：

1. 被辅导者灵活机智。
2. 辅导者能够对此进一步激发和提升。
3. 辅导过程将人视为整体——包括人的过去，现在将来。
4. 被辅导者设定时间安排。
5. 双方平等。
6. 辅导要涉及改变与行动。

我认为最后一点很重要。辅导并不意味着简单谈话，它通过结构性的谈话引导并得出某种结果。这就是为什么辅导对于教师的发展非常有帮助。我个人认为，处于每个层次的领导者，都应当有一位辅导者，这不仅可以帮助他们反思发生过的事情，更能够发挥他们的领导潜能。

那么，该如何开启一次结构性谈话呢？首先，罗列出所有的限制因素和协议草案。辅导教程中称之为缔约。这包括参与的规则，什么话题允许讨论，什么话题禁止讨论？哪些需要保密？哪些是可以公开的？所谓的"需要保密"指的是什么？得出结论需要多长时间？

可以通过以下方式创建融洽的沟通：

- 反馈学习者的语言（通过观察、倾听、肢体动作等）
- 肢体语言——专注与回应（非模仿）
- 节奏——紧跟谈话的节奏
- 建立一个安全的环境（信任）
- 同理心
- 时间（具体内容参考茱莉亚·福斯特·特纳的汇编）

辅导的过程中，辅导者应排除个人想法的干扰，真正做到倾听，而且要听出言外之意。切勿采取引导式的倾听方式，即努力将叙述者的谈话内容赋予某种意义——结合自己的经验对所听到的内容表示出同情，或者立马提出反驳。辅导者应真正倾听学习者所说的，要摒弃个人的判断以及内心的想法，这样就可以毫无保留地呈献在学习者面前。认真倾听其实获益无穷，为了让学习者进步，辅导者通常需要提一些问题。问题的类型如下：

- 明确问题——"再多谈谈……"
- 反思式问题——让学习者思考："为了……需要做出怎样的改变？"
- 总结式问题——确认已经了解："那么，你说的意思是……？"
- 结果式问题——"为了完成下一步，你打算先做什么？"

提问的一些基本经验法则包括：

- 避免封闭性问题——尽可能使用开放式问题。
- 设置一些比较短的问题——避免一个大问题中含有两三个小问题。
- 避免将意见乔装成问题！（"你有没有这样……？""你看这样怎么样？"）
- 避免引导式问题，比如引导学习者回答那些你认为有用的问题，比如："你说了这么多，是否同意……？"

切记辅导是学习者的议事日程，而非辅导者的。辅导者的任务是提升学习者的自我意识，促进他们思考。不要害怕挑战他们的思维，要鼓励他们为自己负责。

结语

本章开篇就曾提及，许多领导认为与下属共处是最大的挑战。作为一位领导，最大的欢愉莫过于看到可以提升自己，并且看到自己与团队的努力真正为学校的孩子们带来了改变。因此，所有的坚持都是值得的。领导需要的是耐心、顺应力，以及最为重要的——时间。祝君好运！

> **进一步思考问题**
> - 在领导与管理方面，你的长处是什么？
> - 你希望在哪些领域取得发展以及如何发展？
> - 你的团队里有没有给你制造困难的人？你有没有能够与这样的人更好相处的策略？

资源与拓展阅读

- Goleman, D., Boyatzis, R. and Kee, A. (2002) *The New Leaders.* London: Time Warner – a clear explanation of the importance of emotional intelligence and the use of leadership styles.
- Kouznes, J. and Posner, B. (2003) *Encouraging the Heart.* San Francisco: Jossey-Bass – a good guide to developing people.
- Starr, J. (2011) *The Coaching Manual,* 3rd edition. Harlow: Prentice Hall – a good practical reference book on coaching.
- www.thenationalcollege.org – join their leadership library for a wealth of material on leadership.

参考书目

Bennis, W. and Thomas, R.J. (2007) *Leading for a Lifetime.* Boston, MA: Harvard Business School.

Collins, J. (2001) *From Good to Great.* London: Random House.

Covey, S.M.R. (2006) *The Speed of Trust.* London: Simon and Schuster.

Curee (2005) *National Framework for Mentoring and Coaching.* Available at: http://www.curee.co.uk/resources/publications/national-framework-mentoring-and-coaching

Deal, T. and Kennedy, A. (1982) *Corporate Cultures.* San Francisco: Perseus Publishing.

Deal, T. and Peterson, K. (1998) How Leaders Influence the Culture of Schools, *Educational Leadership* 56(1): 28–30.

Downey, M. (1999) *Effective Coaching.* London: Orion Business Toolkit.

Gallwey, T. (2000) *The Inner Game of Work.* New York: Random House.

Goleman, D. et al. (2002) *The New Leaders.* London: Time Warner.

Grant, A.M. (2003) The Impact of Life Coaching on Goal Attainment, Metacognition and Mental Health, *Social Behavior and Personality* 31(3): 253–63.

Hargreaves, A. (1994) *Changing Teachers, Changing Times: Teachers' Work and Culture in the Postmodern Age.* London: Cassell.

Harris, A. (2002) Effective Leadership in Schools Facing Challenging Circumstances, *School Leadership and Management* 22(1): 15–27.

Harris, A. et al. (2001) Effective Training for Subject Leaders, *In Service Journal of Education* 1(27): 1.

HMIE (2007) *Leadership for Learning: The challenges of leading in a time of change,* Livingston, HMIE.

Homer, *The Odyssey.*

Peters, T. and Waterman, R.H. (1995) *In Search of Excellence.* London: HarperCollins.

Rogers, J. (2004) *Coaching Skills.* Milton Keynes: Open University Press.

Southworth, G. (2008) Primary Leadership Today and Tomorrow, *School Leadership and Management* 8(5).

Whitmore, J. (2002) *Coaching for Performance,* 3rd edition. London: Nicholas Brearley.

William, D. (2008) Changing Classroom Practice, *Educational Leadership: Informative Assessment* 65(4): 36–62.

教育界的幸福感

多米尼·宾汉

本章关注的并非个人的幸福感,而是属于团队的幸福感,这种幸福感是在工作实践中不断提升的。有研究表明,关注教工的幸福感可以提高学生的效率,与此同时,积极向上的幸福感也会影响到员工的去留,维持一个可持续的劳动力资源。

关于幸福感的话题并非新近兴起。如今,有许多关于幸福感的关注焦点,比如在马丁·塞利格曼的积极心理学中,关于幸福的说法非常流行,他的观点源于亚里士多德,并将幸福感视为一个整体的概念,是对人类生存繁衍都产生影响的、宽泛的概念。

为什么幸福感很重要

教育界的工作人员往往在工作环境中感受到更大的压力,因此,关注教育团队中的幸福感是一项非常重要的研究。普华永道2007年发布数据称,44%的教师反映自己的工作非常或者极其有压力;90%的受访者报告压力水平上升。压力与工作引发的疾病影响着教师们的去留,而且当教师们感觉自己并不被欣赏或者无法参与决策制定过程的时候,这种情况会变得更糟糕。问题经常发生在超负荷工作、结构性重组和不计其数的创新活动中。目前已有许多关于在普通工作环境中的幸福感与在教育团队中的幸福感的调查。(戈尔德,2004;全国学校领导学院,2009;普华永道,2007)

幸福感是个主观话题,目前也没有一个明确的概念。的确,这并不是几个词就可以解释清楚的概念。对有的人来说，这意味着生命的质量；对有的人来说，是工作与生活的平衡；但也有人认为幸福感就是压力！不过，每个人认同的压力并不相同（教师援助网，TSN）。不论是在更大背景下，还是在教室中，教师的幸福感都可以被划分为如下方面：身体、情感、心智、智力以及心灵。

压力的角色

对压力的定义其实有很多，但都围绕着一个关键：感觉难以应对。不过，我们都知道，有的压力有益于幸福感，因为它可以起到促进和激励的作用。因此压力可以区分为优质压力与劣质压力（又称苦恼）。健康与安全委员会（HSE）将劣质压力定义为"人们对于施加在自己身上的过多压力或其他形式的要求所产生的一种有害反应"。（2003）不过，有一点很明确，定义一个环境是否压力很大，其实很复杂，因为这是很个人的感觉，而且取决于个人的生活背景以及他的性格特点。因此，特别要注意的是，不要忽略了个人情感需要与诉求。

需要说明的是，压力事实上并非某种病症，在工作环境中是要有一定程度的压力的。压力可以激励员工，提高他们的生产力。但如果这种压力超过了员工的承受能力，那就会由积极压力转为消极压力。过长时间工作于压力环境之下则易导致焦躁、忧郁、失眠、无法释然、无法放松等症状。

不过，仍需谨记：有些压力与个人生活相关，并非工作造成的，但领导也不能将此置于自己的职责之外。职业保健的内容包括关注员工在工作之外的压力，并提供解决方法，因为工作之外的压力也会很快地影响到员工的工作，引起表现欠佳、缺勤以及行为举止变化等问题。

国内、国际的观点与政策

目前，单位管理与员工幸福感之间的关系已经有了明确的共识。如果一个公司将员工幸福感放在核心位置，那么该公司员工的工作失误会减少，员工离职率会降低，并拥有更加奋发向上、非常愉快的氛围（TSN）。

在学校环境中，教师的幸福感也会对学生有连锁反应的影响。这其实是一个良性循环，教师的高效率将对学生成绩的提升起到积极作用。通过国际范围内的八所教育机构对于未来领导能力发展的研究，我们可以清楚地看到：教师的成长与发展会对学生的学习成绩起到巨大的促进作用（巴伯等，2010）。

领导对于教师幸福感所起到的作用也至关重要。研究认为，在学校，教师的幸福感以及领导在其中扮演的角色与学生的表现紧密相关。国际范围的调查显示，学校领导们能够对教学做出的最重要的贡献"在于他们对教师的激励、教师专业发展以及幸福感的影响"（普华永道，2007）。

在英国，关于幸福感的政策通常隐含或呈现于许多教育战略计划文件中。例如英国教育标准办公室制定了八个自我评价主题，围绕这八个主题构建了用于学校的自我评价工具。在英国的公立学校，自我评价在学校工作中是比较成熟的一项内容，并且成为计划进行发展和提升的基础环节。监管部门会对学校的此项工作进行检测并提供帮助。"每个孩子都重要"（ECM）议程源于联合国儿童权利公约（UNCRC），涵盖了其中的大多数条例，其中包括改变并提高所有儿童及年轻人在五个方面所得到的成果。这五个方面如下所述：

- 保持健康
- 做出积极贡献
- 保障安全
- 获得经济收益
- 享受并获取成就

英国教育标准办公室的检查会考虑学生的七个方面成果——包括上面的五方面以及额外的两方面：

- 学生的行为
- 心灵发展 ⎫
- 道德发展 ⎬ 这些统称为一项成果
- 社会性发展 ⎪
- 文化发展 ⎭

幸福感也被列入英国对政府的工作框架中，要求学校做到可持续发展，这包括学校需要关注提供的食物、鼓励健康的到校方式以及如何使学校的运行更高效节能。自 2011 年 4 月以来，英国的健康学校项目已经推广至各个学校，并且多数学校已经达到了英国健康学校的标准。"健康学校自查表"中列有九项条款，通过这些条款学校可以考量各项工作安排的情况，从而提高学生的健康与幸福感。九项条款中，有一条专门针对员工持续专业发展（continuing professional development，CPD）的需求、健康以及幸福感（英国教育部，DfE，2011）。因此这可以被看做是自我评价计划的一部分。

随着工作节奏的加快，压力，尤其是与工作相关的压力也随之加剧。目前，社会幸福感的重要性已经与 GDP 的重要性旗鼓相当，特别是主观幸福感，即人们在生活中的感受，是否感到焦虑、情绪低落，以及对自己生命质量的满意程度。

经济合作与发展组织（OECD）就如下问题对幸福感的各项指标收集数据：

- 生活满意度
- 积极的与消极的影响
- 目的、意义与发展

总的来说，为团队的幸福感进行测评，并引入解决、减缓压力的策略，的确可以对员工的幸福感产生重要影响。国际组织也开始关注幸福感的重要性。有些国家已经在健康与安全法领域提出推行与工作压力相关的风险评估，并且创建了能够抵消或者降低已知风险的实施策略。

> **思考问题：**
>
> - 你的教师们今年接触过哪些与健康、幸福相关的持续专业发展机遇？
> - 学校该如何判断教师的哪些持续专业发展需求是与健康幸福相关的？
> - 对于这些需求，你将采取什么措施？或者你已经采取了什么措施？

教师与自我效能

优秀教师成长的关键是自我效能（班斯，2011），这可以看做是对目标设定条件的一种反馈，班斯认为，条件过多会降低教师的自我效能感。作为幸福感的要素，自我效能不仅关乎"决定人们感受、思维、自我激励与行为的信念",还与"有能力完成那些可以影响生活的指定任务的信念"相关。已经有调查证明,自我效能在很多工作领域都起到重要作用,包括教育领域以及教师的课堂表现。自我效能不仅体现在与幸福感相关的所有环节当中,还与健康、发展等更宽泛的理念紧密相连。

威廉(2010)曾建议,如果学校希望提高学生的成绩,最重要的事情就是提高教师素质,亦即提高现有教师的素质。

> 思考问题:
> - 你如何看待威廉的建议?
> - 这让你想到什么问题?
> - 你打算如何利用有关幸福感的指导意见?

规划幸福感

- 工作场合的幸福感——战略领导
- 学校的愿景是什么?
- 你怎么看待幸福感?

在一项关于学校领导的独立研究中,普华永道(2007)称关于发展与管理的一项重要成果是:

在教师发展方面,许多学校领导都已经接受了挑战,但需要做的远不止这些,机构与系统方面的挑战也很严峻。举个例子:很多学校领导当被问及日后学校发展的当务之急有哪些、未来他们需要具备哪些技能的时候,教师管理、人才招聘以及留任这些内容都被校长们远远地排在了后面。

考虑到校长的其他职责,这似乎可以理解,但这也充分说明许多校长在教师发展的问题上并没有像其他机构那样充分地投入,比方说在私营机构中,关于领导和管理的所有想法都要基于员工的发展(PWC,2007,P5)。

> **思考问题：**
> - 作为领导应该是怎样的角色？
> - 如何做一位高效领导？
> - 作为学校领导，你的幸福感如何影响着你的教师？

戈尔德（2004）的研究显示，优秀的校长能够在执行领导力的过程中通过如下方式阐释、促进以及激发价值观：共事、管理与寻求改变，保证教师了解所有信息，与领导小组紧密合作，提升领导力以及自身对全校的责任感。尽管这些在预算削减的时候实施起来会有困难，但戈尔德（2004）的研究表明依然有减轻工作压力的余地。员工所拥有的控制权以及对工作环境的支持都有助于降低消极的工作压力。

领导力除了对智力的要求，还要求具有掌控情绪的能力。当今的校长应当具备以价值观为基准的领导力以及以情感为基准的领导力。克劳福德（2009）认为："教育领导力其实主要针对的是人，而人们必然都工作在一种充满情感的环境中，这既包括个人内心的情感，也包括人际间的情感。"（第24页）

> **思考问题：**
> - 你设定的愿景是什么？为什么这个愿景很重要？会遇到哪些挑战？未来一年内你希望发生什么？
> - 你有哪些目标？
> - 你如何与人沟通这些目标？
> - 你的领导方式如何影响教师的幸福感？

幸福感的焦点

有一个非常成功的案例，在一所参与了调研的小学中，尽管面对的挑战重重，但由于学校将教师的幸福感放在学校发展的中心位置，依然取得了不小的成功。调研表明，只有当"学校领导为教师提供了非常丰富的专业学习与发展机遇"的时候，学校才能够最好地"实现双赢——提高标准与保持前进动力、奉献敬业"。（国立大学/培训与发展机构，2010）

将规划付诸实践

1. 你需要考虑什么？

好的实践的要素

在伦敦领导力学习中心（LCLL），各位校长交流的时候，总会涉及关于幸福感与工作生活平衡的话题，话题通常会包含以下内容：

- 人才管理
- 压力管理
- 形成赋权型的辅导文化
- 改变管理与组织发展
- 可持续的环境
- 通过情绪领导力与教师交流
- 开展专业的社团活动

英国的人力资源协会于2008年发布了一项研究结果，这项研究历时四年，是关于各级管理行为与工作压力的研究，结论体现在以下四方面，它们都与工作环境幸福感相关：

- 尊重与责任：要有关系意识——尊重教师、控制情绪、体贴他人；设置合理的截止时间；给予更多的积极的反馈意见；重视工作与生活相平衡。
- 管理工作量：明确讨论任务与目标；时刻监控工作量；处理问题；果断坚定；在教师彷徨、压力大或者遭遇财务危机的时候与他们多交流。
- 管理团队中的每一个人：愿意与他人分享；随时提供帮助；有能力彰显领导的可靠性以及有能力社交、表露真心。
- 困难时刻的管理：在幸福感的管理中给予协同支持；有能力解决矛盾，并愿意通过外围的帮助与建议找到解决问题的方法。

有一点很明确：领导力需要考虑教师工作与生活的平衡度并且设法让团队更高效。

健康安全和环境管理体系（HSE）于 2003 年发布了参与幸福感项目的六条准则。下面表格列举出这些准则，请校长们参考并考虑自己的学校正处在项目的哪个发展阶段。

表 2.1 学校发展到了哪个阶段？

管理准则	1	2	3	4	5
要求：工作量，工作模式，工作环境，工作与生活的平衡					
管理：员工完成工作的进程					
关系：提倡积极的关系，避免矛盾，应对难以接受的行为					
角色：职员了解自己的角色吗？学校是否可以确保这些角色没有冲突？					
改变：如何用积极的方式管理所有的改变？如何进行组织内部的沟通？					
支持：来自各级领导、同事以及学校提供的鼓励、赞助以及资源的多少					

注：1= 刚刚起步，5= 已经落实彻底

2. 检查一下，你的学校发展到哪个阶段

通过思考与反省来分享策略

与你的同事一起，确定一下学校现在发展到了哪个阶段。如果是刚刚开始，那就选 1 或者 2。如果你已经开始实施幸福感行动计划，在表 2.1 中选择 1 到 5 之间的一个数字，那么这个数字即代表你预期达到的效果。然后，你需要采取以下三个步骤继续前进：

- 你需要做什么？
- 你需要跟谁交流一下？
- 什么时候？

学校文化的重要性

在价值引领的基础上创建一个教育团队，就意味着需要发展出一种分享的、合作的、具有共同制定决策的期望与机制的学校文化。文化能够成就一所学校，也能破坏这所学校。当教师认为自己的价值能够得到承认，就会做出改变。这是学校文化赋予他们的权利与能力。如果学校文化是按照命令、操控的模式来运行，那么教师将感受到强加的变化，这样不仅会让压力更大，还会降低工作效率。因此，领导一定要认清自己在这一过程中的位置，要把握每一个出现的机会进行提升。

如何能够在变革的大潮中做一位优秀领导，这已经成为很多研究的主题。富兰（国立大学，2009）曾研究过在不断变化的潮流中的领导力的复杂性，以及为了能够实现长期、可持续变化而对学习文化重建提出的需求。

==3. 尝试开展一些将员工幸福感列入学校中心项目的实践活动——这将有助于建立一个更积极向上的工作环境==

- 建立一种鼓励员工开诚布公交流的、发展性的、激励性的以及持续性的文化，不久，你就会在日常工作生活中看到相互支持、相互尊重的景象。
- 学校力图建立的工作文化中，每位员工都得到尊重，坚决杜绝欺凌现象的出现。

学校内部信任的重要性

斯蒂芬·科维（2006）认为，信任是企业文化至关重要的部分。信任时时刻刻影响着我们的生活，是工作生活的基础，会影响到我们的人际关系、交流以及所有行为的质量。简单来说，信任意味着有信心，而不信任则意味着怀疑。

科维（2006：19）认为，高信任度将收获如下益处：

> 如果信任度很高，那领导就仿佛收获了一台高性能加速器，可以提高、促进工作与生活中的每个环节的效率……
>
> 在公司，高信任度可以大大提高所有利益相关者的交流、合作、执行、

创新、战略、约定、联盟以及人际关系。

正相反，低信任度则会导致可以量化的损失。经济学家弗兰西斯·福山（科维，2006）指出，社会中大范围的低信任度……会导致对所有形式的经济活动征税，这种税收在高信任度社会则根本不会出现。

在一个组织系统中，低信任度使人们之间的沟通大打折扣，领导无视员工的话语，这样给组织系统带来的损失就好比是低信任度社会中的税收负担。

如何培养信任度？

信任源于领导力。科维（2006）认为，领导的第一任务就是要激发信任感。这要求领导审视自己的领导方式以及员工如何理解自己，同时还要求领导坚持不断地在企业内部以及企业与企业之间建立信任。如果你能够采用那些"高"信任度团队中的一系列要求与行为框架标准来运行自己的团队，你的员工就会产生信任感，并且对自己的诚信、行为、能力以及工作业绩充满信心。

思考问题：
- 你如何为自己学校的信任文化评级，优秀？居中？还是很差？
- 我的学校需要"额外支付税收"还是可以"减免税款"？
- 生活当中，我是"增加赋税"的人还是可以"减免赋税"的人？

---

4. 实践理念

- 你希望学校秉承什么样的信任文化？
- 为了达到这一水平，需要采取哪些措施？
- 什么时候能达到这一目标？

教育文化与环境

关于健康学校计划，还有两个延伸领域值得被借鉴到学校提升计划当中，即环境如何影响教师的幸福感。

5. 响应健康学校的提议

- 学校的文化与环境是否能够推动全校范围包括教职员工所有人的投入？
- 学校环境是否有利于教师的健康与幸福（比如提供干净、适宜的饮用水；提供健康的食物与饮品）？（改编于《健康学校工具包》，DfE，2011）

尽管上面提到的领导类型是针对学校校长的，但这些原则可以被运用于所有的组织机构。

表 2.2　查缺补漏

将所有教师分为不同小组，共同讨论并完成以下表格
我们现在的情况：_____ 我们预期达到的情况：_____
目前教师的幸福感如何，并设定一些目标
确定目前正在进行什么计划
采用相关信息来识别存在的差距
将需要弥补的差距按照重要顺序列出
同意以上策略并列出下一步的行动计划

（改编于国立大学校长领导力学院/英国学校培训和发展机构出版的《学校改进计划框架》，2009/10）

制定行动方案

现在可以考虑使用哪些有用工具来优先排序制定提升幸福感的方案了。

首先，需要确定目前学校健康与幸福的状态。有关健康与幸福需求的分析报告有助于查缺补漏、确定任务优先顺序并且提升最后结果。为了开展这项工作，学校所有的高层领导都应参与其中，将最后结果融入到学校的发展策略中。

6. 准备参与

提升幸福感项目的具体要素

根据不同环境，幸福感的要素也不相同，但大致如下：

- 有弹性的工作机制
- 工作与生活相平衡
- 关于果敢自信的培训
- 身兼角色要平衡，并避免角色过多而失衡
- 提升适应能力，对自己的情绪、行动负责任（使用情商）
- 健康的人际关系——管理矛盾冲突
- 授权给个人
- 关注环境文化以及对于愿景的承诺
- 开展辅导文化
- 庆祝成功

表 2.3 为期一年的提升幸福感计划的行动方案

提升幸福感计划的步骤	反思问题（全体小组成员）
考虑到策略的重要性，要与领导团队说明，确保计划为所有人知晓	
通过内部交流，设置目标	
组织所有教师参与组建幸福团队，并在各个活动领域设置一个领头人	
召开教师大会发布提升幸福感的提议以及幸福感调查	
开展教师的幸福感调查	

续表

提升幸福感计划的步骤	反思问题（全体小组成员）
审核最后结果，并关注其中四到五个要素	
宣布结果，并向教师征集反馈意见，确保教师的介入	
让各领域的领头人组织小型的互联网团队活动，并基于上述结果开展提升幸福感的行动方案	
将任务优先排序，因为不可能完成所有任务	
实践的第一阶段	
三个月后调查结果	
评估结果，如若需要，则做出相应变动	
实践的第二阶段	
三个月后调查结果，如若需要，做出相应变动	
将所有结果融入下一学年的战略计划中	
内部范围内针对结果的交流、交流、再交流	
通过家长、社区、互联网以及当地媒体发布一些好的新闻故事	
通过与其他学校的合作，将幸福感列为健康学校的一部分	

© 多米尼·宾汉，2011

下表是英国一所中学实施的提升幸福感行动方案。如果确定实施该项目，那就应当时刻考虑你的提升幸福感行动方案需要包含什么，你的出发点在哪里，你做了什么，你打算做什么，以及如何评估。

表 2.4 操作中的提升幸福感行动方案

行动	领导名字	资源	时间	已完成	评估
设置半学期的提升幸福感会议,并通知所有团队成员		专案工作组会议时间	10月4日		召开会议
将行动方案会议所收集到的建议传达给高级领导团队			9月7日		检查建议实施情况
在职工大会议程中加入对幸福感的关注,并在领导小组会议上商讨		开会时间			参与程度满意度出勤情况
鼓励院系/教师通过社交/互联网等方式与其他部门沟通					
在主要的教研室设置幸福感主题布告栏,为方便所有教工,在学校四处设置小型布告栏		纸张,卡片,印刷品			关于板报有效性与阅读量的反馈调查
周五下班后定期召开交流会		活动协调,领头人的支持与鼓励			有效性出勤情况满意度
鼓励每位教师参与					
将幸福感主题列入每周教师简报		活动方法和内容			有效性出勤情况满意度
11月1日准备进行第二次员工调查		幸福感网站资源			
打印教师名单,并准备编码					
11月1日或2日培训教师填写问卷					

续表

行　动	领导名字	资　源	时　间	已完成	评　估
举办社会活动	多种形式——任何人都可以参加				出勤情况 满意度

（感谢赖斯利普高中的分享）

7. 开会商讨行动计划

那么，该如何将上述表格适用于自己学校呢？怎么衡量自己发展到哪个阶段？已经完成了什么？计划完成什么？以及如何评估？

> **思考问题：**
> - 学校里的教师如何理解"幸福感"这个词？
> - 教师们认为学校的幸福感如何？幸福感又是怎样影响师生关系的？

国立大学／英国教师培训发展机构 2010 年总结称，"一所学校是否成功，并不仅仅依靠它的测验与考试成绩，还要考虑到个人收获与社会影响、学生与教师的积极性、参与性与幸福感、教与学的质量以及学校对社会的贡献等等"。这些标准在你的学校是否有所体现？如若没有，校长又需要做什么？

评估：该评估什么？

> **可以被评估的主要成果与益处的范例如下：**
> - 教师反映他们可以更好地应对变革。
> - 教师反映自己的心情更好了。
> - 管理报告显示，学校教师的留任情况好转。
> - 管理报告显示，病假人数减少。
> - 临时的合同雇员人数减少。
> - 影响学生成绩的教师绩效得到提高。

健康与幸福感的倡导者

在学校挑选几位健康与幸福感的倡导者或者拥护人,这会确保所有提议皆向前发展,并得以持续。

8. 挑选一支可以代表所有教师与部门的幸福感倡导者队伍

- 如果地点不同,可在每栋楼内分别委任倡导者。
- 可以考虑的是,在小范围内可以让担任不同角色的教师互换角色。

顺应力与自理能力的重要性

威廉(2010)称,人是最重要的资源,因此员工的可持续发展才是最重要的问题。因此,培养领导的顺应力也非常重要——即可以在富有挑战性的教育工作环境中持续维持正能量与工作效率。国立大学已经在调查研究中发现,目前有顺应力的领导会展现以下能力与行为:

拥有足够的自我意识,尤其是在那些能够增加压力的情形、环境以及触发因素的情况下;

有能力除去或者回避触发因子;

将外界诱因拒之门外;

寻求缓解情绪与焦虑的外部支援;

面对危机的时候,有足够策略控制住情绪;

关注一些长久的目标与重要任务;

能够意识到有的时候,可以解决 80% 的麻烦已经足够;

掌握评估标准,因此可以确定工作完成情况,于是能够适时让自己放松下来;

可以正确看待出现的问题。

(国立大学,2010)

> **思考问题：**
> - 什么样的校长是有顺应力的校长？
> - 什么样的教师是有顺应力的教师？
> - 校长该如何证明自己将教师看作是最重要的资源？

交流成功经验

案例研究：采取更健康的生活方式

英国的一所小学打算与股东共同商讨该如何让教师采用更健康的生活方式以激励他们在日常活动中表现得更加积极主动。学校鼓励所有教师在两个学期的时间里时刻佩戴计步器，查看每星期走了多少步。同时，学校也鼓励教师不开车上班。如果离学校不远，那就步行上班，或者骑自行车上班，也可以坐公交，但需要提前一站下车，再步行至学校。两个学期结束的时候，86%的教师反馈称，自己的幸福感得到了提升，他们睡得更踏实，压力感也有所减轻。目前，学校计划由教师带领学生也加入这项活动。这些收效甚好的成果被公布在学校网站上、学校通讯新闻中，并且全校开会集体讨论，将其列入学校提升策略计划之中。

目标能够成功达成的关键因素在于校长让教师看到自己对待幸福感的认真态度。一旦学校收获了健康与幸福相关的成功结果，校长就会希望与其他教育机构甚至更广泛的人群来分享成功。在这个分享的过程中，可以遵照如下有效框架来建立交流：

我们已经察觉到了哪些需求？

我们聚焦何种结果？

我们已经实施哪些行动或者干预措施？

我们已经取得哪些成果？我们如何获知已经取得的这些成果？

我们下一步该做什么？

我们如何交流所取得的成功？

（健康学校工具包，DfE，2011）

结语

鉴于英国学校与世界范围内学校的各种准则,教育机构的压力只会与日俱增,因此,让压力自己减少基本是不可能的。所以,校长需要考虑并搜寻富于想象力的方式来重构教师的现状。在压力面前能够坚守价值观,这至关重要。如果要为成功的变革创造一种氛围,那么文化与信任起到了决定性作用。对教师来说,辞职后总会有人来代替你工作。从领导的角度出发,有能力应对或者有顺应力,则是最重要的。"婴儿潮"这一代人马上到了退休的年龄,学校与其他教育机构的工作岗位延续问题以及延续计划也进展到了最关键的阶段,将学校教职工的幸福感视为最重要的策略不仅可以挽留人才,也会展现校长卓越的经营头脑。

进一步思考问题:

- 你如何看待学校关于幸福感的主要问题?
- 如何让高层领导加入提升幸福感项目?
- 初期该如何评估幸福感?采取何种基础指标?

资源与拓展阅读

Bubb, S. and Earley, P. (2004) Managing Teacher Workload. London: Paul Chapman Publishing.

Bubb, S. and Earley, P. (2010) Helping Staff Develop in Schools. London: Sage.

Covey, S.M.R. (2006) The Speed of Trust. London: Pocket Books – includes a very useful chapter on achieving organisational trust.

Goleman, D. (2007) Social Intelligence: The New Science of Human Relationships. London: Arrow Books – discusses the use of emotional intelligence in the workplace.

Harris, B. (2007) Supporting the Emotional Work of School Leaders. London: Paul Chapman Publishing.

Hartle, F., Stein, J. and Hobby, R. with O'Sullivan, M. (2007) Retaining School Leaders. Nottingham: National College.

Health and Safety Executive (HSE) – www.hse.gov.uk – HSE's job is to protect people against risks to health or safety arising out of work activities. Provides advice, guidance and information on inspections and regulations.

Teacher Support Network (TSN) – www.teachersupport.info/

Webb, L. (2009) How to Work Wonders. Grosvenor House Publishing – gives top tips for wellbeingGuildford: Grosvenor House Publishing.

Worklife Support – www.worklifesupport.com – provides wellbeing programme information and initiatives for teachers.

参考书目

Bangs, J. (2011) In the End, Teachers are on their Own. Presentation given at the IOE.

Barber, M., Whelan, F. and Clark, M. (2010) *Capturing the Leadership Premium*. London: McKinsey & Co.

Covey, S.M.R (2006) *The Speed of Trust*. London: Pocket Books.

Crawford, M. (2009) The Heart of Leadership. London: Sage.

Department for Education (DfE) (2011) *Healthy Schools Toolkit*, London: DfE www.education.gov.uk/

Gold, A. (2004) *Values and Leadership*. London: Institute of Education.

Health and Safety Executive (HSE) (2003) Managing Work Related Stress: *A Guide for Managers and Teachers in Schools*. London: HSE National College.

National College (2010) 10 *Strong Claims about Successful School Leadership*. Nottingham: NCSL.

National College (NCSL)/TDA (2010) *School Improvement Planning Framework 2009/10*. Nottingham: NCSL.

NCSL (2009) *Collaborative Leadership in Extended Schools*. Nottingham: NCSL.

PricewaterhouseCoopers (PWC) (2007) *Independent Study into School Leadership: Main Report*. London, DfES.

Wiliam, D. (2010) Teacher Quality: Why it Matters and How to Get More Of It. Spectator Schools Revolution Conference, March.

冲突的解决

琳达·特拉普内尔

现在,你要开启新工作了,当然迫不及待地想要大展拳脚,但内心深处也总会有一个声音不断提醒自己:尽管你的教学技术成熟,可以维持课堂秩序,但与周围成年人该如何相处?这会带来什么挑战?

作为校长,你将与很多人打交道,从高级领导团队的成员,到任课教师,再到助教、社会公益服务人员、心理辅导人员、学校行政人员以及家长、看护人等。在你上任之际,这些潜在冲突的可能性在脑海中不断浮现。

也许你是通过学校内部的晋升当上了校长,因此对学校情况非常了解。你或许已经意识到哪些地方具有挑战性……

也许等待你上任的是一所布满黑洞的新学校。

那么,困难会从何而起又因何而起呢?

冲突的原因

如果问起校长们,到底哪些地方经常产生冲突,那么回答肯定多种多样,最常见的回答如下:

性格冲突	无视全局
缺乏理解	上级领导不够尊重教职员工
对截止日期有意见	编制问题
八卦	同事欺凌
缺乏交流	缺乏团队合作

拒绝改变　　　　　　　　口头答应却不肯行动
　　工作方式不同　　　　　　缺乏信任

　　校长该怎么做？
　　首先，你需要学会欣赏每个人不同的工作方式以及为人处世的方法。每个人不同的童年经历、成年后的生活以及先天条件等都导致了目前的差异。
　　但切忌在违背他人意愿的情况下试图改变他人的行为。校长可以做的是尝试理解教师行动的方式，以及通过管理教师的行为来完成分内工作，并尽可能确保学校的学生们可以得到最佳的教育。

情商、智商与灵商

　　校长首先要考虑的问题是如何让自己行动起来。丹尼尔·戈尔曼（1995）曾就情商，尤其是领导者的情商做过大量调研工作。一个领导者需从以下三方面检查自己的能力：智商、情商以及灵商（Spiritual Quotient），后者指的是具备了解他人与社会的希望和梦想的能力。
　　优秀的校长应是三商俱备，并能够意识到自己对他人的影响力。这不仅要求校长做到自省，还需要通过值得信赖的同事获取诚实的反馈意见，这也是一个宝贵的经验。
　　仅仅拥有高智商却缺少其他两商的校长会忽视自己对他人的影响力，很难建立信任。
　　仅仅情商高的校长虽然会注意到他人的需求，但会因为过于关注个人需求而忽视了学校的需求。
　　仅仅灵商高的校长虽然会做出具有崇高理想的决断，但缺乏对个人影响力以及学校需求的认识。
　　那么，你是哪种类型？如何鉴别？

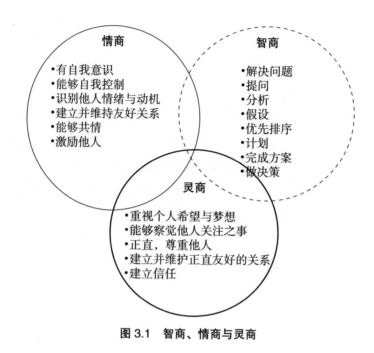

图 3.1　智商、情商与灵商

动机与思维方式的差别

在任何团队中，每个人都有不同的动机。人们往往会忽略这一点，这会影响到人们如何看待他人的行为，冲突也常常因此而产生。作为人类动机学的公认权威，詹姆斯·塞尔曾历时五年研究出了动机地图®系统（www.motivationalmaps.co.uk）。动机地图为动机管理提供了一种独具特色的解决方法，它主要基于詹姆斯对以下权威资料的研究：马斯洛需求层次理论、埃德加·施恩的专业锚和九型人格学。该地图会给使用者提供一份专门辨别职场职员动机的有效又便于操作的工具。登录 www.motivationalmaps.com，填写一份调查问卷，即可辨识出你和（或者）团队的精准的动机，但这项服务需交费。

看看下面列举的这些动机，也许会有三个与你相关的动机吸引你的注意。但随着年龄、家庭、社会以及工作要素的变动，动机也会出现变化。会有某种属于别人的动机是你不喜欢的，这很正常，但作为学校领导，则需要明白这虽然不是团队（或者团队其他成员）的动机，但这是属于个人的动机。主要问题是要辨识自身动机，再去了解他人动机。你是否注意过，有些人比较易怒是因为他们的动机不同。这些动机并没有对错之分，只不过有些方面更有吸引力而已。

表 3.1　领导者的类型

建造型	追求金钱、物质满足感、生活高标准
管理型	追求权力、影响力、对人力与资源的控制力、决策权
专家型	追求专长、通达、专业化、知识
连接型	追求归属、友谊，建立人际关系
防卫型	追求安全、预见性、稳定性
明星型	追求认同、尊敬、社会尊重
寻觅型	追求意义，寻求改变，提供有价值的事物
创造型	追求创新，辨识新事物，表达创造性潜能
精神型	追求自由、独立、自我决策、通晓全局

团队内部冲突多由对个人动机缺乏赏识而造成。如果能够设置一些与个人动机相符的任务则会让团队工作效率更高。比如：将一位"精神型"领导者的任务进程管理得极为细致，严格规定任务完成的方式，效果只能适得其反。倒不如给他多一点自由，给他一个关于结果的明确期望，那一定会收获更佳效果，同时也会培养一位让人满意的团队成员。

因此，反思过后，校长就应当思索你以及你团队的主要成员的动机是什么。在管理项目或者团队日常工作的时候，校长如果能够考虑到教师对各自工作的思考与计划，就可以成功避免冲突。格里高克（1986）所做的关于人们思维/工作模式的研究也为管理团队成员提供了背景资料。虽然理论上分为四大类，但显然实际情况是不同模式的混搭。仔细阅读这些特点，你可能就会开始接受不同类型的人们因为需要在一起工作而产生出来的问题。通常情况下，如果团队成员可以做到赏识彼此的不同，就足以建立一种更加和谐的工作环境。这也同样会提醒每个人注意自己的工作方式对他人造成的影响。在与团队讨论以下特点之前，可以让成员完成一份简短的免费调查问卷以确定个人偏好。（"格里高克思维方式"，登录 www.thelearningweb.net/personalthink.html）

格里高克思维／工作方式的特点

偏好具体顺序者：

- 需要并且享受结构化的形式
- 偏好亲力亲为做项目
- 偏好以特定方式排序
- 偏好清楚、明确的指导
- 总是很"忙碌"，偏好建设性工作，坐不住
- 天生的组织者
- 偏好一步一步完成工作
- 参照指导说明行动
- 天生的编缉——可以接纳任何事物并做到更好
- 特别害怕犯错

偏好抽象顺序者：

- 阅读大量信息并且偏好逻辑性强的观点
- 需要一个安静的工作、思考环境
- 偏好争论，偏好有争议性的话题
- 偏好纯粹的学习——自我导向
- 搜集信息、分析问题
- 力争智识上的认同
- 结构化、有逻辑、有条理的思维方式
- 害怕让人觉得愚昧、不学无术

偏好抽象随机者：

- 反感一成不变的流程与秩序
- 有弹性、易接收新鲜事物、易接受变化

- 偏好通过讨论、分享来学习
- 富于想象力
- 将信息个性化
- 通常会参与多个项目，兴趣广泛
- 聚焦友谊与人际关系
- 害怕不被他人喜欢

偏好具体随机者：

- 极为好奇
- 会提出不同寻常的答案
- 总会冒出别人没有的想法
- 喜欢冒险
- 偏好探索自己的方式来工作/亲自验证
- 极为独立，自我竞赛型
- 偏好调查、实验，亲手实践
- 忽略步骤和细节
- 展示原创力，有不同的想法与构思
- 同时开展多个项目
- 寻找各种可能性、创造改变的机会
- 不喜欢阅读说明书
- 害怕结构

通过如下分析可帮助校长找出应对不同类型教师的对策。

表3.2列举了四种思维方式的特点。

作为校长，如果能了解自己、了解自己的团队及成员，那么就可以更加轻松地工作。不可能每个人都按照他们偏好的方式工作，但当他们离开舒适区，为完成任务付出更多努力的时候，了解自己和他人就会起到帮助的作用。据笔者经验看，人们会很快找到自己偏好的工作方式并理解冲突何以产生。一位教师曾评论道："我现在总算知道我的助教为什么与我合不来——我们的方式不一样！我们需要谈一谈……"

表 3.2　四种思维方式——个人动机

类　型	偏　好	潜在难题
具体顺序	有秩序，安静 具体指导方针 指导性的实践 通晓哪种方式会被接受 能够操作、亲自实践某个想法 具体工作完成后需要给予赞同	做选择 完成开放式任务以及回答"假若……怎么办"式的问题 处理相反的观点 采取新方法 阐述抽象概念 看清事物本质
抽象顺序	讲座与阅读 遵循传统方式 独自工作 研究 逻辑性解释 因才智被尊重	公开表达情绪 团队合作 创造性写作 承担风险（不可预知的） 开放式问题 恰当设置标准
抽象随机	合作 为任务留有弹性余地 社交活动与工作相平衡 无竞争压力的环境 个人关注／情感支持	独自工作 注意细节并给出确切答案 限时工作 一次集中精力完成一个任务 被修正 不期望别人有过多的情绪反应
具体随机	反复试验的方法 亲身实践 头脑风暴／开放式问题 制造真正有创造性的产品 新颖／独特的解决问题方法 自我指导学习	跟上、满足时间限制要求 完成项目 选择一个答案 坚持具体地记录 排列优先顺序 接纳他人观点而不提出其他观点 接受不可能改变的现实

分析与预防冲突情形的方法

如果冲突真的无法避免，或许有效的解决途径就是以逻辑的方式找到问题根源（虽然很多时候很难当场找出）。

一个有效策略则是争取时间分析问题。基本规则如下：

- 稳定住局面。
- 争取时间找到证据/信息。
- 平静面对冲突双方。
- 确定时间讨论问题。

搜集证据/信息至关重要。

哲学家兼企业家 E·高德拉特博士提出"约束理论"（the Theory of Constraints，TOC），这一理论的提出是基于一种思维工具，称作"云图"。"约束理论"原本是用来帮助解决工业生产中的问题的。

高德拉特博士所有作品都源于约束理论，其中的策略已被列入 MBA 课程以及本科课程，如商学、产品管理等等。小说《目标》（高德拉特与科克斯合著，1993 年）以及《绝不是靠运气》（高德拉特著，1994 年）就是描写约束理论中的策略被如何运用于解决工业生产、管理问题以及个人的困境。

"云图"是一种图表工具，通过聚焦五个问题来展示如何以公平的、非煽动性的方式解决困境或冲突。任何问题的焦点都可以将最初的"你我之间"转化为"我们与问题之间"。

首先，要考虑到冲突双方"想要什么"，这是争论中最显著的问题。接下来查证双方背后的"需求"即潜在的情感需求有哪些？再接下来，有必要考虑"冲突双方的共同目标"，他们在哪些问题上达成一致？

如果你试图解决一个自己深陷其中的问题，或许你会意识到这一点：尽管你很了解自己，但却不了解对方。这就要求你与冲突中的另一方交流一下，询问以上相关问题。

云图可用在成年人身上，也可用在五岁孩子身上；既可以用来解决两个人之间的问题，也可以在个人面对多个备选方案需要选择或者存在内心冲突的时候，帮助你做出决定。

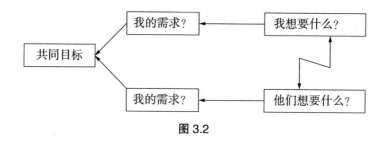

图 3.2

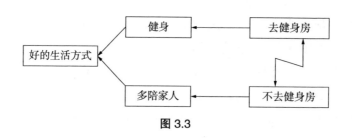

图 3.3

为了有一个健康身体和好的生活方式，我应该健身。想要健身，就得去健身房。一个设想已经形成……

另一方面

我可以拥有的好的生活方式就是多陪陪家人，因此，就不能去健身了。又形成了一个假设……

接下来，可以尝试推翻这些假设。

- 我可以带着家人一起去健身吗？
- 我们全家可以去其他地方运动吗？

两种解决的可能性

如果你可以解决这些"内部"问题，那么你也会更容易处理人际之间的麻烦。

"想要"应该属于一种可能的对立面，比如——做还是不做，能或是不能，想要或者不想要。

但"需要"则在情感上更"深刻"一些。

有时候，需要放弃"想要"来获取"需要"。

如果你希望看到世界各地不同语种的学生使用"云图"的案例，请登录 www.tocforeducation.com。不管是学生还是成年人，包括不同行业的人，都可以运用这个技巧，将其作为解决冲突的工具。

引导高难度谈话，让他人负起责任

许多人一遇到高难度谈话就退缩了。当你必须与同事或家长探讨一个问题，如果你已经研究过问题的背景，并且对你要处理的问题或对方的个性有所了解的话，那么该如何引导接下来的这场谈话呢？提前规划一下谈话的结构将非常有帮助。以下是有用的指导方针：

- 提出问题。
- 使用具体例子来说明问题。
- 陈述你的感受。
- 说明利害关系。
- 陈述你介入的原因。
- 说："我们需要解决这个问题。"
- 请对方说出想法。
- 不要辩解或者说服，只要倾听即可。

举个例子。如果一位课堂助教上课的时候总迟到，或者小组学习的时候总迟到，那可以采取以下对话……

- 我需要跟你谈一谈上课的守时问题了。
- 昨天你迟到了10分钟（也可提供更多的证据）。
- 这给我组织学习带来困扰，让我觉得压力很大。
- 我感觉学生们也无法以最好的状态开启一天的学习。
- 我的职责也包括监督你完成与岗位描述相一致的工作任务。
- 我们需要解决这个问题。
- 能告诉我为什么总迟到吗？

- 接下来只需倾听、互动。

这样的谈话也适用于跟家长的交流。

没有什么可以代替实践。

关于这个话题，你可以进一步阅读苏珊·斯科特 2002 年出版的《非常对话》（*Fierce Conversations*），将大有裨益。

结语

在现代生活中，多数情况下的冲突都是不可避免的，但如果你能够考虑个人性格与问题背景的话，就可以机智地处理冲突。作为校长，你不仅需要与那些跟你作对的教师打交道，还需要处理教师之间的冲突。校长必须让教师负起责任。笔者希望本章列举的技巧真的会在实际工作中帮助到你。

进一步思考问题：

- 日常生活中，你需要处理哪些问题？
- 工作的时候你需要处理哪些问题？
- 有什么原因会阻碍你去处理这些问题？

资源与拓展阅读

- www.motivationalmaps.com – gives you some good basic information on motivation.
- www.thelearningweb.net/personalthink.html – allows you to find out about your own thinking style on this site.
- www.tocforeducation.com – provides plenty of examples of 'clouds' and other useful tools.
- Susan Scott (2002) *Fierce Conversations*, Berkley Trade – a very practical book with excellent advice on how to have those difficult conversations.

参考书目

Goldratt, E. (1994) *It's not Luck*. Aldershot: Gower Press.

Goldratt, E. and Cox, J. (1993) *The Goal*, 2nd edition. Aldershot: Gower.

Goleman, D. (1995) *Emotional Intelligence*. London: Bloomsbury.

Gregorc, A. F. (1986) *An Adult's Guide to Style*. New York: Gabriel Syst.

Scott, S. (2002) *Fierce Conversations*. New York: Berkley Trade.

引导专业学习与发展

卡洛尔·泰勒

专业发展——目的、环境与益处

专业发展（professional development，PD）或者持续的专业发展（continuing professional development，CPD）有很多种定义，但由厄尔利与波里特于2010年提出的定义则抓住了专业发展的本质：

学校员工的学习与发展，最后都是为了提高孩子们与年青一代的教育质量。（第4页）

我们都认为教师学习与发展之所以重要，原因可以有很多，但是最主要的目的在于带给学生们积极向上的变化。本章将探索专业学习与发展的主要领域，因此，请将这一原则熟记于心。

对现状的概述

在过去的十几年里，全权负责学校专业学习与发展的领导人的角色已经发生了显著变化：从过去的主要负责行政工作的角色转变为更加富有策略性的角色，即从一人领导转变为将专业发展领导权分配到各个小组。你可能拥有一个专业发展负责人的正式头衔，或者你可能领导着某个领域、某个阶段，或某个团队的学习，但却没有专业发展负责人的正式头衔。不过，对领导和促进员工学习的人来说，他都会对学校的文化产生重要的影响。如果团队中的每个人都处在不断学习的状态之中，那么学校也会有更大的提升空间。

其实，对于学校文化的变化，所有承担教师发展工作的中层领导都起到了关键性的作用。英国教育标准办公室（2010）报道称：专业发展的有效领导其实非常明显——在所有好学校里，中层领导起到了决定性的作用。

目前我们对于如何让专业发展与学习机会更加有效率有了更多的认识。当然，合理运用外部专家意见也不错，而且在许多学校与团队里，已经有很多专家支持，但我们或许并不知道问题出在哪里，因此无法尽最大可能利用那些近在眼前的资源。现在，普遍认为成年人的合作学习是实现高效专业发展的重要渠道。

教师学习与课堂实践已经与学校的发展密不可分。如果教职员工办事效率高、教与学不仅质量高而且相适宜的话，那么学生的发展机遇也会提高。因此，学校里每一位员工的专业发展都应理所当然占据着最重要的位置。

活动1

本活动有助于识别并阐明专业发展的目的与益处。

与教师或团队讨论以下问题：

- 专业发展的目的是什么？
- 对你来说，参与专业学习与发展为你带来了哪些收获？

© 伦敦领导力学习中心（LCLL），2008

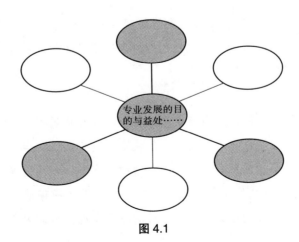

图4.1

参与专业发展会带来很多众所周知的益处。或许你听说过一些。参照上面图表，将以下与你相关的信息填写进去：

- 更新并延伸知识与技能
- 学习新的倡议、发展或者策略
- 以专业发展为目标来提高能力
- 收获满意度、自信心以及被重视感
- 促使自身的提升
- 为学生带来改变

案例学习1：你知道教师对专业发展的观点吗？

在伦敦北部一所大型中学里，刚刚上任的专业发展领导打算调查一下那些行政岗的同事们对于专业发展价值的看法。但在闲谈的过程中，这位领导了解到有人说这种发展没有价值，"对我们不会有什么作用"。的确，是有员工消极对待专业发展的价值，也有一些人看起来"不怎么了解专业发展到底是什么"。校长意识到自己在"向教师解释持续专业发展的真正价值之前，需要先去深入了解教师们的负面情绪到底针对什么"。因此，校长制定了一系列的调查问卷与访谈活动来确认教师们的感受。

调查结果对校长了解情况，制定标准有很大的帮助。有的教师认为专业发展就是去上课：

团队关于持续专业发展的主要消极观点是，认为这是"被送去上课"，这种想法根本无法让教师意识到他们会接触到很多的学习机会，他们会在技能与知识方面得到高品质的提升。

在指导填写调查问卷与做访谈的过程中，校长意识到教师对于专业发展需求的认知缺乏稳定性，通过进一步的调查，校长发现在学校内部没有识别教师专业发展需求的常见系统。所以，教师会在辨识自己需求的时候"朝三暮四"。这也在某种程度上帮助校长明白为什么教师一直觉得自己的需求没有得到满足，为什么教师对于自己经历的专业发展持负面观点。由于这种专业发展既没有满足教师的需求,也没有满足学校的需求,从而导致教师"对专业发展系统失去信心,对专业发展的目的感到困惑"。

这位校长重新填写了一份申请 PD 的预测表,但他同时还写道:

我意识到,如果只是发明一套好的识别教师专业发展需求的系统,那么就可能错失解决人才资源发展问题的关键点,所以,要让教师对专业学习有一个共同的愿景,从而激励他们为了共同的目标而不断提升自己。

校长接下来在教师发展日花费了大半天的时间与每一位教师探讨:"专业发展——为什么与我们休戚相关?",以便让每位教师了解愿景与目的。

> **思考问题:**
> - 在你的学校或者团队,每位成员对于专业发展的目的与裨益所持有的相同的认识是什么?
> - 如果每位成员对此达成共识,会有哪些益处?

战略性地引导专业学习与发展

你是否花费时间思考:我要引导谁?我要引导他们做什么?

作为负责教师专业发展的领导,你会认识到,自己对于教师的支持与发展肩负着责任,只有通过你的工作与努力,才能够拥有一支提升可以学生成绩的高效率的团队。

校长持有并塑造的价值观与信念将会对团队的氛围产生重要影响。如果教师能够看到、听到校长在谈论学习,热衷于学习并且以身作则,他们也会期望遵从这些价值观与信念。

虽然你在学校可能肩负很多领导职责,但众多职责当中最重要的则是去引导教师——因为只有这些教师才能帮助你完成提高学生成绩的目标。

关于学校或者团队的目标,校长是否已有愿景?这一愿景是否包含了为实现共同目标而学习的计划?

高效的校长知道自己想要做什么,而且重要的是,学校的每位教师也知道要做什么,因为这就是全校共同制定、共享的愿景。

活动2

本活动将有助于建立一个关于专业学习与发展的共同愿景。

可以与学校或者团队中的任何人一起来完成本活动。

他们将要做什么?	他们会怎么想?	他们会有什么感觉?
他们会得到什么?	他们会说什么?	他们会听到什么?

图4.2

© 伦敦领导力学习中心(LCLL),2008

登录国立大学官网查看其他专业发展领导关于目的与愿景的观点:《持续专业发展模式下的策略领导》(www.nationalcollege.org.uk/index/professionaldevelopment/leadershippathways/leadershippathways-cpd.htm)。

实施策略性引导专业发展的校长通常会将学校的重要事务与绩效管理、专业发展的安排保持一致。

有一个关键问题:"绩效管理的作用是评判工作绩效还是用来发现员工在学校中发展的机会?"在很多学习团队中,为了更好地表达绩效管理的目的,"绩效管理"往往被冠以其他名称,例如"学习与发展回顾"或者"专业回顾",这样就可以让大家清楚地了解为什么他们在这一过程中投入这么多时间……这跟学习与发展相关,或者含蓄点说:这就是通过改变成年人的学习从而影响学生的学习。

活动3

汉兹科姆(2007:87-88)曾阐述一个高效率学习团队的特点:"生活的各个方面皆是调查与研究……"并且引用了夏普等人的关于成为一所研究型学校所需的主要文化与专业发展条件的研究:

- 重视公开性、反思与专业辩论的文化;
- 在学校改进的问题上做出充分论证;
- 保证项目的资源;
- 可以获得专家资源与支持;
- 希望教师积极合作,摒弃角色或者地位之分;
- 有意愿将调查活动融入现有机制,比如融入教师发展活动。

校长可以与教师个人或者同事们一起探讨以上特点,并考虑:

- 哪些适用于学校与(或者)团队?

现在,将学校或者团队视为一个学习共同体,并找出:

- 哪件事有利于目前已经开展的实践;
- 哪件事可以提高整个学习共同体。

尽管高效率的学校已经将学校改进计划与绩效管理、专业发展联系起来,但这并不意味着只有进行专业发展才会影响绩效管理。当然还有许多其他的提升个人的专业发展活动,但校长这一角色的关键就是要将改进学校的各项工作排好优先顺序,并且请你的同事们也对此提供支持,绩效管理过程就是实现这一目标的主要方式。

同时,还值得考虑的是,团队的绩效管理目标是否能够帮助实现大部分项目。整个团队应当对学校改进计划中的主议题和子议题达成共识,接下来是个人目标,并将其具体到每一位教师。这可以帮助团队整合所有知识与专业技能,并专注于对特定学生群体的改变。更进一步的益处则在于所有教师可以共享,即对共同的话题进行讨论并且一同实践。同样,这会改变曾经或许存在的状况,即以前团队会议的焦点往往过于关注行政问题,如今会转变为关注学习与教学。

> **思考问题：**
> - 你的学校怎么看待绩效管理？是发展性的还是决定性的？
> - 如何使绩效管理更富发展性？
> - 如果教师将共同的团队目标与学校改进计划以及个人目标相结合的话，会带来哪些益处与挑战？

高效的领导通常都了解学校与团队里各方面的专业人员。这意味着领导可以在合适的时机让他们发挥作用，同时这样也给予教师出彩的机会。这种方式将有助于团队及其成员能力的提升。同样，如果校长了解哪些是可以发展的领域，也可以在团队内得到相应的支持。

活动 4

此活动会促使校长思考并找出学校或者团队的专业擅长。

表 4.1　找到学校/团队的专业擅长

问题	回答
学校/团队已经具备哪些特长与专业知识？	
运转良好的学校/团队都在做哪些事情？	
你是否能（需要）继续这样做？如果是的话，下一步想采取什么措施？	
这对学校/团队的每位成员都有效吗？	
谁需要进一步的帮助？	
是什么样的帮助？	
可以在哪里寻求这样的帮助？在学校/团队内部还是需要借助外部力量？	

> **思考问题：**
>
> - 了解学校或者团队内部有哪些专业擅长会有什么益处？
> - 了解这一点会有什么影响？
>
> 如果团队内没有专业擅长：
>
> - 学校内是否能找到？
> - 可以向谁求助？

了解专业发展带来的变化

有时候，教师在加入专业发展活动之前并没有充分了解以下这些问题：

- 教师想获取哪些变化
- 他们想让谁有变化
- 什么时候看到这些变化
- 如何得知变化的发生

作为专业发展项目的领导，必须在所有专业发展活动展开之前对预期成果一清二楚：

- 你希望通过专业发展机会带来哪些变化？
- 活动成功的话，会发生什么？教师会怎样做？会收获什么？会有何感受？

© 伦敦领导力学习中心（LCLL），2008

不澄清这些问题，那就很难了解何时才会完成这些目标。我们经常会听到一些校长说他们已经了解这些了："我要通过这个项目变成一位高效率的领导，这样我的团队也会更有合作精神。"但若具体探究到底什么是"高效率"、如何"更好地合作"，这些校长却回答不出来！何为高效领导，这不难理解，但作为校长，你是否清楚专业发展项目会给教师实践带来哪些改变？给学生的学习与成绩带来哪些改变？

在开展团队或者个人的专业发展活动之前，你是否提出了正确的问题？教师或许会觉得这些问题不容易回答，但如果他们明白学校共同的愿景以及专业发展的目标的时候，他们就会明白校长为什么会这么提问。了解需要改变什么、目前正发生什么以及希望未来发生什么，这将会帮助你和同事们找到达成目标的最佳途径，换句话说，找到最恰当的策略或者专业发展的机遇。[© 伦敦领导力学习中心（LCLL），2008]

活动 5

作为领导，在打算通过专业发展带来改变之初就应当明白，自己需要在整个过程中仔细、敏锐地商讨和提问，最终能够回答下面这些主要问题。

首先，针对自己的教学、领导力以及希望获得的改变，回答这些问题：

表 4.2　在教学或者领导力方面做出改变

问　　题	回　　答
你或者你的团队或者同事希望获得哪些改变？	
改变会影响哪些学生？	
目前，你、你的团队、同事以及这些学生正在经历什么？	
你如何知晓？	
哪些方面发展良好并且是你可以依靠的？	
为了成功，你需要做出哪些改变？	
希望何时可以改变？	
如何知晓这些改变会带来积极的影响？	
你将寻找什么？	
你需要什么来证明这些变化？你信任哪些变化的证据？	
你需要何种帮助或专业发展来获取这些变化？	

团队里的每个成员的学习方式都不同，某个专业发展机遇并不适用于所

有人，就好像学生都有着自己的喜好，教师亦如此。

> **思考问题：**
> - 与专业发展决策相关的学生们有何需求？
> - 是否针对专业发展将带来的变化而展开激烈讨论？
> - 讨论之初是否已经明确将会看到怎样的变化？谁会发生改变？什么时间？以及领导如何知晓？
> - 如何监控专业发展为实践以及学生学习带来的变化？由谁操作？
> - 如果团队内部同意专业发展，领导需要做出哪些调整？

专业发展可能会带来的变化

简单点说，专业发展机遇带来的最大的变化，首先针对的是教师，然后才是学生。

上面已经讨论过，每个人的学习方式不同，因此并没有一个万能的专业发展活动。尽管我们知道专业发展机遇会造成多种多样的影响，但校长与教师之间达成的共识首先要满足教师优先选择的需求，还必须是高质量的，并且与专业发展目标相符。因此，如果教师需要的是学科知识的拓展，那么仅仅参加一天的校外课程是无法满足的。这样的需求最好通过团队内的专业人员共同合作来解决。

改变教师的习惯其实非常困难，因为这种习惯每天都在重复着，所以我们要认识到这一点，并且不要期待教师第二天就会发生改变。或许你也会有许多次参加专业学习的机会，在这个过程当中感觉深受启发与激励，但当你返回自己的工作岗位之后，却将这些抛之脑后。为什么会这样？原因通常在于你无法得到持续性的帮助，不管是辅导还是其他。而你真正需要的是，在持续性的支持下发现自己的需求，并且了解自己能够做什么。登录国立大学网站或者查阅厄利与波里特2010年的出版物可以找到一些有趣的案例，这对学校开展辅导的过程会非常有用。

活动 6

本活动有助于找出有效专业发展的常见要素。可以与一组教师讨论这些问题。

表 4.3　找出有效专业发展的常见要素

1. 回想一个曾经参与过的专业发展活动,该活动对你和学生产生过积极影响。
2. 这项活动为何如此有效?
3. 这项专业发展活动给你带来哪些改变?
5. 如何感知这些改变?可以参照哪些证据?

支撑有效专业发展的九要素

厄利与波利特于 2010 年合著的《持续专业发展的有效实践》(*Effective Practices in Continuing Professional Development*)中曾列出有效专业发展必需的九个要素。

活动 7

本活动将帮助校长找到专业发展过程中已经出现的有效实践,并帮助校长勾画需要关注的领域。校长可以与全校一起完成这个活动,也可以与你将要领导的团队来一起完成。

思索一下,当某个专业发展活动被你认可的时候,团队里的教师经历了哪些变化?根据不同方案做出相应回答。

表 4.4　鉴别专业发展的不同方面

厄利与波里特的有效专业发展九要素(2010)	经常发生	有时发生	很少或从来没有过
在加入专业发展活动之初,教师就明确活动的目标			
专业发展活动聚焦于学生成绩			

续表

厄利与波里特的有效专业发展九要素（2010）	经常发生	有时发生	很少或从来没有过
教师可以获得援助			
针对如何评估专业发展带来的影响，可以达成共识			
焦点与目标都有一个明确的时间表			
确保以合作的形式参与专业发展活动			
安排时间反思、回馈意见			
安排多种多样的专业发展活动			
专业发展的策略性领导力获得发展			

思考问题：

针对那些很少或者从未出现过的因素：
- 如果经常出现的话，将带来哪些收益？
- 这会带来哪些挑战？

目前，对于如何策略性领导团队专业发展，你已经了解到了一些重要因素：
- 专业发展的益处与目标
- 作为领导，你在团队专业发展过程中的角色
- 团队专业发展愿景
- 策略性领导专业发展意味着什么
- 支撑有效专业发展的要素

活动 8：案例学习 2：怎样给予支持？

本活动旨在将前期活动所积累的知识加以运用。

阅读下面的案例并思考：

- 你会怎么应对这样的挑战？
- 这种情况下可能适用哪一种专业发展策略？
- 怎样确保活动能够首先影响教师的实践，继而影响学生的学习？

作为团队领导，你一直帮助一位新上任的教科学的教师，这位教师现在已经很有信心，并急于开展实践。不过，她有一个过度指导学生活动的习惯，过于依赖练习题，因此学生也总是单独学习。这位教师的发展领域是要确保学生们积极投入学习，并确保学生们成绩会有明显的不同。当你与她讨论这个问题的时候，这位教师还为自己辩解，认为自己在逐渐进步。她说："我很开心——至少他们每个人都安静地坐在座位上学习。"

校长很焦虑，因为收集到的数据显示，这位教师教授的科学课程成绩反倒有所下降，这与其他成绩稳步提升的核心学科截然相反。目前校长急于运用专业发展项目来帮助科学课程团队向前发展并提高学生成绩。

思考问题：

暂且不提你能想到的帮助这位教师的方法，请回到活动7，并思考你想出来的这些方法能够体现哪些要素？

- 为了提高改善的可能性，你还可以增加哪些反馈？
- 有没有想过还有更多方面是你没有考虑到的？

合作式探究与辅导将有益于高效的专业发展

有很多证据显示询问式的课堂研究具有影响教师实践与学生成绩的潜能。这大概是因为教师非常明确他们想要在那些方面做出改变，针对的是哪些学生，这就极大提升了成功的可能性。

不过这也要基于教师会不断就日常实践而提问这一前提。

一个典型的循环包括：
- 教师反思自己的实践活动
- 发现问题
- 检查并反思目前的工作
- 计划开展探究
- 分析/解释已出现的证据
- 落实所提议的活动
- 回顾影响
- 计划下一步
- 通过研究方法而学习
- 保持精力充沛
- 关注影响
- 找到证据
- 支持他人并接受辅导
- 带来改变
- 加强已有技能并开发新技能
- 相互分享收获

需要员工：

图 4.3

© 伦敦领导力学习中心（LCLL），2008

厄利与波利特（2010）发现，如果将有相同关注点的员工集合起来，并且分享一系列的专业知识与资源的话，那么合作式探究是最具潜力也是最有效的方法。目前，对于合作式探究将促进成人学习与学生学习有了更广泛的认识。

成年人都愿意在能够获得帮助的社团内学习、交换知识并且分享专业技能。类似的途径有助于教师理解隐性知识，通过分享与讨论，还能对这些知识掌握得更加明确。

合作也有助于员工参与领导并提升员工的自信，合作也会对员工的幸福感产生影响。

合作小组可以按照成员感兴趣的相似的议题进行划分，可以全部是组内成员，也可以包含组外成员。刚开始的时候，鉴于实践的多面性，我们建议从较小的话题入手，因此，制造一个团队内的合作机会将是一个非常好的开端。

在进行合作项目之前，明确如下事宜非常重要：

- 合作的目的
- 你想达成什么目标并且想做出哪些改变
- 如何监控这项工作
- 如何组织小组进行工作
- 项目的时间跨度
- 多长时间需要正式集中来分享、讨论并且确定下一步计划
- 你可能需要哪些其他帮助？向谁寻求帮助？高层领导是否会就时间、观察以及资源等提供帮助？

最后，校长和团队或许会愿意在学校内分享所学到的成果，但除非你真的有值得分享的东西，否则不要这么做！因为同事们或许会对你做的事情感兴趣，但与分享同样重要的是：你做出了哪些改变以及你是如何得知的！

如果能够在合作式探究中融入辅导，那么将会进一步激发合作与影响所带来的潜能。

活动 9

与教师一同找出你希望他们集中关注的项目、议题或者问题。

参照上面的探究循环表以及相关说明，确认如果希望建立一个合作式探究活动，需要做哪些工作。

为什么辅导会将所有专业发展机遇最大化

通过辅导来帮助专业学习和发展会是一个非常高效的方法。辅导可以帮助教师从现有状态提升至希望达到的状态。辅导其实是帮助教师学习，而非简单地讲述或者教授，这么说或许不为过，因为这会让教师对于自己要做什么以及如何来完成等问题拥有主动权。

辅导会涉及：

- 提升意识并激发责任感
- 通过倾听与提问帮助理解
- 帮助被辅导者找到对他们很重要或者与他们相关的因素
- 帮助被辅导者了解自身以及更全面地了解环境
- 帮助被辅导者了解并阐述对未来的期望以及能够激励自身的因素
- 探究被辅导者的选择权
- 就行动达成一致并提供帮助

辅导是通过理解与实践才能掌握的一种技能，也是任何团队都可以采用的策略。大家常说"我们没有时间来进行辅导谈话"，这种说法其实不对，因为生活中处处都有辅导——甚至包括一种不经意、非正式的现场反馈，比如"你觉得你还有哪些选择？"或者"你成功的关键是什么？"还有那些及时的、达成一致议程的一对一的辅导会议等等。可以通过开展小组辅导会议来帮助团队达成共同的主要目标，或者优先任务顺序，或者探索其他可能性以及未来发展道路等。

还是那句话，如果你经常回顾有效专业发展的特点、厄利与波利特（2010）的九个基本要素，并将辅导视为一种援助方式的话，你一定会发现辅导真的会发挥出有针对性的作用。

> 思考问题：
> - 在专业发展活动开始之前、之中以及之后的过程里，辅导是如何对教师起到帮助作用的？
> - 你的学校/团队里是否有一位拥有辅导经历并能够帮助你的成员？
> - 团队里是否有成员愿意寻找机会提升自身的辅导技能？

在团队内分享并庆贺新的学习与高效的实践

作为校长，如果你已经了解哪些方面发展得很好，那么通过团队内的分享，你将获得更高的效率，并且在团队范围内，甚至在学校范围内拥有更强大的领导能力。如果你能够清楚地了解什么样的实践能够带来变化，带来什么样的变化以及如何得知变化发生，那么教师也会希望学到这些——这就是应当庆贺成功的时刻了！

对于领导来说，如何建立分享学习与高效实践的组织及机制是一个不小的挑战。通常情况是，我们会寄希望于某个人的专业知识，但如果这个人离开岗位的话，他的专业知识也随之离开。所以正如我们所看到的，合作式课堂教学探究将在团队内外同时分享这些专业知识——最终在学校范围内让教师来掌握这些知识。

我们常常会听到教师们探讨分享学习的问题，但如果真的想在课堂有所改变的话，仅仅靠分享是绝对不够的。为了获得改变，这需要更多的努力——绝非校长凭借一己之力就可以完成。正如上面讨论过的，了解团队需要的专业知识意味着校长可以为教师提供负责不同领域和项目的机会，教师可以挑选他们感兴趣的或者擅长的项目。在团队内分配领导权，这有助于提升团队能力，促进可持续发展，也让领导自己有更多的时间来锻炼成为一个更高效、更有策略的领导者。

结语

最后一个问题：专业发展机会的成本效益好吗？将这个问题放在结语当中，就是为了提醒大家，千万不要忘记这一点！不过，我认为要想回答这个问题，就要重新来回答："我们想获得哪些改变？谁的改变？何时改变？"如果我们能够回答这些问题，那么我们就可以估算出包含时间、资源、支援以及一切与专业发展机遇相关的成本，其实这些成本对于学校及其愿景与目标都是物超所值的。

> **进一步思考问题：**
> - 为了先影响教师实践再影响学生学习，如何确保有效的专业发展与学习会首先在团队内部然后在学校范围内被高效分享？
> - 合作式探究如何帮助校长分享有效实践并发展成为一个更强大的学习团体？
> - 学校或者团队该如何庆贺校内或者团队内成员的成功？

资源与拓展阅读

Earley, P. and Porritt, V. (2010) *Effective Practices in Continuing Professional Development: Lessons from Schools*. London: Institute of Education Publications – provides plenty of examples of good practice and case studies from schools.

National College (NCSL) (2010) Strategic Leadership of CPD module. Available at: www.nationalcollege.org.uk/index/professionaldevelopment/leadershippathways/leadershippathways-cpd.htm – leads you through the strategic leadership of CPD.

参考书目

Bubb, S. and Earley, P. (2007) *Leading and Managing Continuing Professional Development*. London: Paul Chapman/Sage.

Earley, P. and Porritt, V. (2010) *Effective Practices in Continuing Professional Development: Lessons from Schools*. London: Institute of Education Publications.

Handscomb, G. (2007) Collaboration and Enquiry: Sharing practice, in S. Bubb, and P. Earley *Leading and Managing Continuing Professional Development*, 2nd edition, pp. 87–88. London: Sage.

London Centre for Leadership in Learning (LCLL) (2008) *Innovative Leadership of Professional Development Programme*. London: Institute of Education Publications.

London Centre for Leadership in Learning (LCLL) (2010) *Innovative Leadership of Professional Development Programme*. London: Institute of Education Publications.

National College (NCSL) (2010) Strategic Leadership of CPD module. Available at: www.national college.org.uk/index/professionaldevelopment/leadershippathways/leadershippathways-cpd.htm

Office for Standards in Education (Ofsted) (2010) *Good Professional Development in Schools: How Does Leadership Contribute?* London: Ofsted.

Sharpe, C., Eames, A., Saunders, D. and Thomlinson, K. (2006) *Postcards from Research Engaged Schools*. Slough: NFER.

领导后勤人员

波琳·莱昂斯

领导与管理的重要性

领导与管理学校应该是世界上最享有特权的工作之一。

领导与管理是密不可分的两个过程,就好像硬币的正反面一样。强有力的领导力必须结合强大的管理能力,而且二者必须做到关系平衡。约翰·科特(2001)认为校长要为变化进行组织准备工作,并且要帮助学校来应对这些变化。管理就是为了应对这些变化所带来的复杂问题。一所学校必须同时被均衡地领导与管理。

下面介绍的是位于伦敦的圣约翰小学的故事。

案例学习:圣约翰小学

历史背景

故事发生在2003年,所以需要先介绍一下当时的背景,因为英国全国范围内正经历着一次重要的变革。《全国协议》(The National Agreement, 2003年9月)介绍了一系列关于教师服务情况的重要变革,同时也关注学校后勤人员的状况。教师培训与发展协会(TDA)也颁布了《高水平教学辅助标准》(The High Level Teaching Assistant Standards),这成为学校教职员工参考的部分准则。后来,《国家专业准则》(the National Occupational

Standards，NOS）重新修订了《教学标准》。《全国协议》发起的这场改革运动则希望促使学校实行合约式变动，并且整改劳动力。

新校长的上任

圣约翰小学的新任校长于2003年上任的时候，学校连高级管理团队都没有。学校这么多年来的文化一直是校长专制的领导与管理。新校长针对这种形势，希望执行一套他比较偏好的辅导/咨询的领导方式，同时，校长秉持公平、透明与平等的道德立场，在学校实施了一个为期七年的改变圣约翰教师团队结构的计划。

2004年，教职员工的职位被重新调整。后勤人员对于未来将实施的重组非常积极，因为他们可以预见到，在重组的过程当中，他们会享受到公开、透明、服务条件明确、标准化的工作职责描述、薪酬率以及参与培训和发展等权利。

当地政府同时也调整了后勤人员的职位描述与薪资结构。这个过程经由工会全面咨询，并下发了关于后勤职员稳定性、薪酬递增与专业晋升的指导框架。

分配领导权

按照《高水平教学辅助标准》提出的更高地位，每一个职位描述都对应一种管理要素。这样一个由全国范围内认可的地位也决定了当时教师培训与发展学会提出的一系列地位。《高水平教学辅助标准》涉及的后勤人员既包括新入职教师，也包括经验丰富的高级教师。

因此，让后勤人员管理后勤人员的分配领导力计划成为圣约翰学校整体文化之一，并为所有教职员工带来了改变。

最初，这项提议经所有职员与管理机构磋商，首先在职工委员会上讨论，然后提交管理机构。

在这一点上，需要注意的是，后勤人员并不认为自己已然成为了领导，学校其他教师也不这么认为。

在新调整的结构中，《高水平教学辅助标准》规定的两个岗位都承担相应的职工管理职责。这两个岗位被认为属于中层领导的水平。当时，两位完成了《高水平教学辅助标准》培训的员工，经审核后，认为有能力就任，因此取得了《高水平教学辅助标准》的这两个岗位。这之后，又有七位员工参加了培训并参与《高水平教学辅助标准》的审核，但出于不同的原因，他们被认为能力尚且不足，其中两人是因为英语水平不高而失败。这为学校未来挑选职员提供了新的模式。目前，挑选标准中明确规定职工需具备较强的英语书写、表达能力，同时还明确规定了工作条件（比如工作时间）。

依照《高水平教学辅助标准》中的规定，新上任的后勤人员需具备的管理职责已经被学校的领导团队仔细研究过，并且分为两大块。首先，地方政府负责设计一套专门针对负责管理任务的后勤人员的团队领导课程。其他人员的绩效管理也被列入课程的一部分。第二，学校针对后勤人员建立了一个为期三年的发展方案。在第一年，新上任的后勤管理人员只肩负有限的管理责任并获相应的薪资。同年，后勤员工的绩效管理照常考核，比如校长助理依旧会与后勤员工召开会议，新上任的后勤管理人员只负责参与并观察会议。第二年，新上任的后勤管理人员开始对后勤员工肩负领导责任，校长助理只负责监督。第三年，新上任的后勤管理人员全权负责，校长助理只是顾问而已。由此，形成了长期的后勤管理人员职业发展。

同样，学校的高层行政领导也按照这个模式管理行政员工的绩效。学校每个员工的绩效都可以被监管起来了。

校长也修改了绩效管理的计时方式，这样他的绩效管理报表会在第一时间出现。校长认为学校的绩效管理与设定的目标，以及他的开放式的领导方式应当在所有职员当中产生共鸣。的确，所有职员的共同目标就是提高学生成绩，每位教职员工也都应当对学校的发展计划了如指掌。除了学校的共同目标之外，每个职员还应当有自己的个人目标。

这种分配式后勤员工自我管理的方式已成为七年战略计划的一部分。很显然，整体计划中的细节部分会随着年度计划而有所变动，但整体的方针与愿景早在2003年就已设定。

其他改变

随着计划与反思活动的推进，其他方面也发生了变化。其中之一是对病假的管理，以应对员工请假太频繁的问题。另外一个是对所有职员的试用期严格考核（若有需要可延长试用期）。这个过程是透明的。还有一种可能性是在合作任务中一位员工与一位领导性格不合，但这种事情概率很小。

校长对于公平、公开、平等的价值理念与工作相同的员工享有相同服务条件的基本原则这二者相结合,才能加强学校运作的基础。学校领导应清楚表述这些价值观,并与教师沟通。整个流程应与绩效管理政策以及课堂观摩程序相吻合。

学校对于后勤人员的期望,应是一群专业的教职员工完成一项专业的工作。

高水平教学辅助人员

校长注意到,在这批申请教学辅助工作的申请者当中,出现了一些变化,即男性申请者越来越多、资质越来越高,申请者认为教学辅助工作是获得教师、牧师以及教育心理学工作等其他工作职位的带薪实习机会。圣约翰学校的员工体现出了种族多样性的特点,男女性别平衡也出现了变化。

我问过校长,当地政府安排的课程给学校带来哪些影响,他说所有职员都听说高水平教学辅助人员要去上管理类课程了,这对于他们是一种鼓励,因为学校增加对他们的培训并期望他们日后能够管理其他同事。他们在每次会议上都集思广益,并在返校后也一直讨论各种观点、主张的可能结果。关于如何与麻烦职员相处的课程非常有用,这直接影响教师们如何处理某个特殊事由,这样也提升了人才管理技能。

在处理其他事宜方面,高水平教学辅助人员也做到了公平与公开。职员可以带着问题来求助。起初,他们会向"内部顾问"求助,高水平教学辅助人员得到"允许"便可以回答这些问题,这也增长了他们日后直接回答问题的信心。(结果是更多的问题会随之而来!)

高水平教学辅助人员起初会觉得新的工作角色充满了挑战,但通过参加校外的"管理类课程",他们会获得一种权威感。校长非常清楚员工需要去向正确的人求助,必须明确清楚地交流,这当然也包含后勤人员。因此,校长授权后勤人员,并让他们获取荣誉感和愉悦感,这样更有利于开展有效的管理工作。

校长注意到,高水平教学辅助人员结束课程之后会变得更有信心、表达更清楚,也会更坚定。他们有了一种"上课的权威感"。他们会遇到其他学校的员工,并反思自己的工作以及其他学校同事的工作。

对全校的影响

学校安排在教师培训日这一天,让每位职员以领导的身份做出反思,每个人都处于不同的领导层面。校长虽肩负领导责任,但其他岗位的管理方向或者方式皆不同。校长注意到，因为考虑到了管理岗位的需求，每位员工都发生了或多或少的变化。曾经一度，学校里没有人去申请管理岗位的工作，因为他们觉得办公室里的联合领导意味着你为了一个更高的职位而去得罪某个同事。这种情况现在不见了。教师不仅申请岗位，甚至会竞争上岗。每个人都可以申请上岗，现在学校的文化已经变为人人渴望得到领导与管理的岗位。

学校每年都会给每一位员工发送一封关于他的工资标准、工作范围、工作时间以及服务条件的信函。校长希望每一位教职员工都能够负责任地看完这封信并提出异议或者申请解释说明。以前，学校会将这封信放在办公格子间里，但今年开始，学校改变了发送方式，直接将信函送到教职员家中。这个变动很积极，因为本身信函内容就是个人秘密，在家里打开这封信就意味着在员工个人隐私信息的公开与尊重之间求得了一个平衡。

学校对于人品正直的要求很高，并希望教职员工也能具备较高的责任感。正如校长所说，学校里的一切，类似于后勤人员自我管理这样的举措，最后都是为了孩子们的利益。

管理变动

很显然，学校在这方面做得很成功。校长和学校回答了这三个问题：我们现状如何？我们会向哪个方向发展？如何完成？借鉴英国教育标准办公室对学校的检查评语，我对这三个问题进行了以下回答，这也是针对三个主要问题的来自外部的评价：

1. 我们现状如何？

答："校长与强大的高级领导团队对学校的长处与需要改进的方面有着清楚的认识。这来源于诚实与敏锐的监测。"

2. 我们会向哪个方向发展？

答："校长积极进取，推动学校改进。校长与高层领导、主管等探讨出了一个明确的愿景与改进项目，并确保从他们那里获得支持。"

3. 如何发展？

答："教师的专业发展非常有效，并能够确保对学校不断变化的需求做足了准备。"后勤人员在学校起着重要作用，他们工作出色，有助于学生的学习。

学校的变革已经进入了第八个年头,并且会一直不断地发展下去。

针对所有职员的专业发展框架

专业发展表

表 5.1 专业发展表

	参与人员	行动	时间
学校需求分析			
招新			
选择			
入职培训			
绩效			
角色发展			
成功			
新角色转型			

我认为这个表格非常有用,因为其中列举了在招新以及发展过程中的不同步骤,这个表格也适用于某个持续的项目中各种不同的情境。

我也填写了一份关于整个学校领导与管理的表格作为例子。这份表格中包括了一位家长为自己身患唐氏综合征的孩子申请读书的案例。以下内容对于新上任的后勤管理人员的工作会有帮助:

表 5.2

	参与人员	行动	时间
学校需求分析	当地政府 特殊教育需求小组 招新团队 政府财政委员会 政府人事委员会	做出声明并与学校保持联络 评估预算结果 审核学校的后勤人员结构，看是否需要再招收一位新职员	2010—2011学年度，春季第二学期
招新	校长/人事委员会 高级行政官员/校长/政府机构 教育心理学专业人员	基于《国家专业准则》列举岗位职责 组织面试过程 给予意见	2010—2011学年度，夏季第一学期
选择	人事委员会	选择最佳人选	2010—2011学年度，夏季学期，6月
入职培训	行政领导 当地政府领导 高水平教学辅助人员的直接领导 同事 特殊教育培训	新人填表，领取储物柜钥匙 英国培训与发展机构的培训项目 学校培训项目 兄弟院校帮助 与外界机构和家长保持联络，通报相关情况	2010—2011学年度，夏季学期，7月
绩效	高水平教学辅助人员	参考绩效目标 通过交流与互动帮助学生	2011—2012，秋季学期
角色发展	高水平教学辅助人员以及特殊教育培训人员安排培训	针对唐氏综合征的培训 联系培训领导	2011年10月的教师培训日
成功	1. 校长 2. 高水平教学辅助人员	1. 校长提出并召开正式的汇报会议（由高水平教学辅助人员直接汇报） 2. 年度评估大会通报绩效目标	1. 2011年11月 2. 2012年夏季学期
新角色转型	校长与高水平教学辅助人员	跟踪年度评估大会的结果	2011—2012学年度夏季学期

一项发展后勤人员领导与管理能力的领导力项目

关于发展高水平教学辅助人员的领导与管理能力的学习目标可以查阅《国家专业准则——扶持学校的教与学》（NOS STL），具体章节为 STL63 单元"为团队提供领导力"。

国家职业准则中针对教学辅助人员的准则已于 2007 年制定。这些为了扶持学校教与学的准则可以作为诸多事宜的出发点，比如设计新的岗位、修订岗位职责、招聘与选择、绩效管理、分析培训需求以便规定教育培训的结构与内容等，并且这个准则已经成为制定《全国专业资格》（NVQs）的基础以及新修订的《资质与学分框架》的部分章节。可以登录英国培训与发展协会网站查阅相关信息：

www.tda.gov.uk/support-staff/developing-progressing/nos/~/media/resources/support-staff/nos/slt63providing-team-leadership.pdf（于 2011 年 12 月开放）。

所有的国家职业准则都有绩效标准（以此来考量教师的绩效），国家职业准则还列出了与工作相关的具体知识与理解的储备，此外，STL 第 63 单元"为团队提供领导力"中也罗列了关于员工需要展示的行为与技能。这些技能包括：交流、策划、团队建设、以身作则、提供反馈、设定目标、鼓励、咨询、解决问题、重视并帮助他人、监管、管理冲突、作决策并且执行决策等。

我以库伯（1984）的学习理论为基础，在书写并且架构这部分内容时使用了"如何……"这样的字眼，并且每一部分都会加入一些相关的理论知识。

此处不再讨论戈尔曼的情商研究，因为琳达·特拉普尔已于第三章详细讨论过。

心理学理论

伯恩的交流分析理论

埃里克·伯恩于 1975 年提出交流分析理论，该理论的基础是口头交流，尤其是面对面交流，才是人际交往的中心活动。伯恩认为，当两个人碰面了，一个人会与另一个人说话，这就是他提出的交流刺激，而另一个人的反应则被称为交流响应。伯恩认为每个人皆由三个自我的阶段构成，即父母型、成人型与孩童型。

表 5.3　领导力过程

如何……	理论性输入
如何与团队交流	伯恩的理论
如何管理麻烦的个体	戈尔曼的情商理论
如何激励团队	赫兹伯格 马斯洛
如何管理绩效	当地政府的后勤人员绩效管理系统
如何发展团队	库伯 学习方式，合益集团[①]

父母型：这是我们从年幼时期就学会的权威声音。父母型自我又经常被描述为抚养或者掌控。

成人型：我们的"成人"的自我是理性、冷静的，也被称为专业的阶段。

孩童型：这是我们初始的情感。孩童阶段也被经常描述为适应—合作（积极）阶段，或者是顺从—反叛（消极）阶段，或者是自由—自发（积极）阶段以及不成熟（消极）阶段。

当我们交流的时候，我们会选择其中一个自我阶段，父母、成人或者孩童。我们当时的情绪会决定我们使用哪个阶段，而且随时会被其他事情引发转换为其他阶段。交流分析理论就是研究这个问题的。

伯恩理论的中心内容是有效的交流（或者成功的沟通）应当是互补的。交流应当从接受信息时的自我状态回到发送信息时的自我状态。比如，如果刺激是从"父母"到"孩童"，则回应也必须由"孩童"到"父母"，否则会

---

① 合益集团于 1943 年在美国费城成立，是一家全球性管理咨询公司，成立至今，已为全球近万家客户提供咨询服务，是世界最有影响力的咨询公司之一。——译者注

出现交叉式交流，这就会在信息传送者与接受者之间产生麻烦。如果发生了交叉式的交流，那这个交流就是无效的。

当发生严重的争吵、分歧时，根本没有机会重新讨论最开始的主题。这时需要关注的是人际关系。只有当人际关系修复成功的时候，才能够继续以建设性的方式重新开展讨论。

不过，当我们使用父母型交流方式的时候，存在一定的风险。当对方以孩童模式回应我们的话时，我们也许不会感到惊讶，但我们的目标是成人对成人的交流。

赫兹伯格的动机理论

根据赫兹伯格的动机理论，下列因素会激励我们的工作：

- 成就
- 进步
- 成长
- 认同
- 责任
- 工作本身

可以通过阅读案例学习了解这些因素如何激励教学辅助人员。

赫兹伯格的"保健因素"

赫兹伯格（1954）称他发现的"保健因素"会消极地影响我们的动力，会让我们感到不满意：

- 工资
- 政策
- 安全感
- 地位
- 监管方式
- 工作条件

马斯洛的层次需求理论

亚伯拉罕·马斯洛（1954）的层次需求理论同样也考虑到了动机。马斯洛认为我们被一些莫名的需求所驱动。只要某个需求被满足，它就失去了刺激的效能：

- 自我实现需求——个人成长与成就
- 尊重需求——成就、地位、名声
- 爱和情感需求——归属感需求，人际关系需求
- 安全需求——安全与保护
- 生理需求——对食物、水、空气等的基本需求

当我们看到战争地区人们的需求时，就会明白需求层次的含义：人们为了食物和水——即基本需求，而忽视安全需求。作为领导，我们需要考虑如何满足教师的需求。

库伯的学习与发展模式

心理学家大卫·库伯，设计了一套学习与发展模式。库伯于 1984 年出版的《体验学习：体验——学习发展的源泉》一书中详细解释了这个模式，并阐述这一模式是基于心理学、哲学与生理学的研究之上完成的。

表 5.4 库伯的学习圈

	具体经验（CE）	
主动实践（AE）		反思观察（RO）
	抽象概括（AC）	

库伯将学习定义为"将经验转换为知识的过程"（1984：38）。库伯将学习划分为四个明显的基础结构：具体经验（CE）、反思观察（RO）、抽象概括（AC）与主动实践（AE）。学习者可以将自己定位于学习圈中的不同的方面。

具体经验的焦点是参与实践并且以个人化方式处理即时的人际关系。反

思观察的焦点是通过仔细观察与公正的描述来理解观点与形势。抽象概括的焦点在于使用逻辑性的观点与概念。主动实践的焦点在于主动影响他人并改变形势。（库伯，1984：68-9）

学习其实是一种综合的、多方面的、复杂的交互作用，是四个方面（CE，RO，AC，AE）的结合，这样可以产生最高效的学习。

我认为这个模式对于学校的教师专业发展极其有帮助。我使用这个模式来组织规划所有的课程或者学习"活动"，比如我选择以其中一个方面（比如CE）开头，接着反思经历（RO），然后查阅可能的概念（AC），最后试图在另一个情形里解决问题（AE）。

再举一个例子，是关于一群后勤人员学习如何提高管理矛盾的技能的。其中一个成员提到了发生在她学校的一个真实的案例。作为领导，她需要解决这个矛盾（CE）。我们通过小组讨论反思了当时的情形（RO），之后提出一个解决冲突的过程（AC），接下来让小组成员回归自己学校解决真实的、特定的冲突案例（AE）。下一次会议的时候，我们依旧会分享自己的经验（CE）并反思问题（RO）等。这个学习的循环永远不会间断。

库伯制作了一个学习风格量表（LSI），可以登录网站购买：www.haygroup.com/leadershipandtalentondemand/index·aspx（2011年12月开通）。

这个学习风格量表按照常模参照评量，一系列的问题会帮助构建价值观，分数可在表格上标示出来。这个表格将对个人在学习的各个方面（CE，RO，AC，AE）的定位给出形象化的解释。有一些人的发展均衡，但也有人只在某个方面明显占优。

能够了解自己与他人的学习方式，并运用到团队当中，这其实是一个相当棒的具体经验。这也是个人发展的基础。我认为在领导与管理他人之前，必须学会领导管理自己。学习风格量表会让我们了解"我的现状如何？"进而是"我希望朝哪个方向发展？"以及"如何发展？"我在最初测量的时候，在反思观察领域的分数不高。但这次填写之后，我会特别注意使用反思观察以便提升这一领域的学习能力。现在，我能时刻做到反思了！正如之前所述，只有在各个领域的综合发展才能获得最高效的学习。

在学校里，我们都是组织学习的领导，而学习风格量表则是推动后勤人员带领员工学习的最有力工具。

在一些管理与领导后勤人员的工作中，《国家专业准则》并没有被充分执行和利用，近期公布的一项报告（Ofsted，2010）显示：

在参观的三所学校中，凡是涉及大范围员工如何培训、辅导与绩效管理的时候，学校对于《国家专业准则》与专业发展框架都没有做到到位的理解，因为他们不知道该向谁获取信息与指导。这在一所连贯的、全面培训的专业机构中，延缓了广大员工的提升发展。

通过《国家专业准则》来组织领导力课程结构，这会推动后勤人员自我管理。绩效描述可以被运用到学校的评价体系当中。

结语

我希望通过本章的介绍，可以给读者展示一个领导与管理良好的学校，以及一个精心设计的由后勤人员自我管理的学校结构与文化。我想要说明的是，如何分配领导力与管理是一个精心计划的过程，该过程以一个公开、公平的积极价值体系为基础。实践性学习的理论很适用于学校的教师学习，而且不管是针对雇员还是他们的个人发展，只要涉及成年人学习，都可以运用这个理论。库伯（1984）的理念可以被运用到任一领域的领导力技能提升当中。《国家专业准则》为后勤人员提供了一致、公开、公平的原则，专业发展表则可帮助所有教师明确在他们工作以及人生的不同阶段会涉及哪一种提升发展。这些都是提升领导力的工具。

进一步思考问题：
- 你的学校的领导力分配已经实施到了什么阶段？
- 变革过程的成功是以什么为支撑的？
- 为什么了解如何领导后勤人员很重要？
- 本章案例给你什么启示？

资源与拓展阅读

Bubb, S. and Earley, P. (2004) *Managing Teacher Workload*. Paul Chapman Publishing: London – has a good chapter on support staff.

www.haygroup.com/uk

NCSL (2004) *Distributed Leadership*. Nottingham: NCSL – is helpful in putting theory into practice.

NCSL (2005) *Leadership Development and Personal Effectiveness*. Nottingham: NCSL – provides a thought-provoking guide.

NCSL (2003) *The Heart of the Matter: A Practical Guide to What Middle Leaders can do to Improve Learning in Secondary Schools*. Nottingham: NCSL – is clearly explained.

www.ofsted.gov.uk

Robertson, J. (2008) *Coaching Educational Leadership*. London: Sage – gives some practical ideas.

Rogers, J. (2009) *Coaching Skills*. Maidenhead: Oxford University Press – provides a very practical guide to coaching.

www.tda.gov.uk

参考书目

Berne, E. (1975) *What Do You Say After You Say Hello?* London: Corgi.

Herzberg, F. (1996) *Work and the Nature of Man*. New York: Staples Press.

Kolb, D.A. (1984) *Experiential Learning: Experience as the Source of Learning and Development*. Simon and Schuster: New York.

Kotter, J.P. (2001) *What Leaders Really Do*. Cambridge, MA: Harvard Business School Publishing Co.

Maslow, A. (1954) *Motivation and Personality*. New York: Harper and Row.

Ofsted (2010) *Workforce Reform in Schools: Has it Made a Difference?* London: Ofsted. An evaluation of changes made to the school workforce 2003–2009.

第二部分

学校内部的领导与管理

6. 领导与管理财务
7. 管理数据
8. 课程管理
9. 领导与管理变革
10. 全纳环境下的领导与管理
11. 通过教师主导型研究来促进学校进步

领导与管理财务

道格拉斯·迈克多维

引言：整个学校概况

本章内容大体来自我曾为有抱负的校长设计的英国国家校长专业培训计划（NPQH）的一次入门研讨会。所以整章内容基于全校性预算、计划与管理的视角。如果你现在领导一个部门或者团队，而预算相当有限，那么希望本章所涉及的与预算计划、开支监管以及稳妥的金钱观相关的诸多原则可以为你所用。我在与一些学科带头人以及教牧人员一同研究财政问题的过程中发现，他们对学校的概况都非常感兴趣，希望你也会！

钱从哪里来：资金来源

能够知道钱从哪里来，这对所有的预算都很重要，原因有二：一是确保学校可以拿到所有的经费；二是了解部分资金在花销过程中会受到哪些约束。

表 6.1 学校的资金来源

来源	说明
政府的委派预算，包括学校专用拨款（DSG），以及 16 岁以上人员经费（之前被称为 VPLA）	最大的单笔收入来源；主要取决于 1 月份入学人数，因此，每年的经费多少都不同。由学校及其管理者决定如何开支。

续表

来　源	说　明
其他政府经费	其他经费可以提供给特殊教育需求（SEN）学生，支持少数民族学生或者英语非母语的学生。这属于下放经费，而非被委派的预算，这就意味着学校负责把该笔经费投入到上述学生群体当中。
学生的额外费用（从2012年起，已收到每年每位学生600英镑的免费餐饮费用）	中央政府发放经费，但只针对特殊目的，比如只可以花费在贫困学生身上。
学校标准拨款与学校标准拨款（个性化）（也可被归入学校专用拨款之中）	每年四月，校长做出的预算陈述，与学校专用拨款类似，该笔款项无使用权限制。
其他的中央政府经费（也可被归入学校专用拨款之中）	支持国家性目标的款项，比如少数民族学生学业成就资金（EMAG）与学校午餐基金。尽管学校有权选择如何开支该经费，但依旧有使用权限制。
其他机构的特殊拨款	学校为支持特殊项目而争取到的资金，如英国基本技能处的读写能力与计算能力项目、王子信托计划的作业俱乐部等。学校被要求在项目上按照50∶50的比例投入该笔资金与其他来源的资金。该笔资金专款专用。
学校现状资金	学校成功争取到的针对特殊现状的资金，如开展艺术、体育类活动特色学校以及科技学校、示范学校等项目的资金。该笔资金由学校自行安排支配。
工业与商业拨款	这笔拨款很罕见！大多数公司偏好提供一些免费或者折扣商品或服务，比如麦当劳提供优惠券来鼓励学生出勤。特色学校则需要获取商业机构的赞助。一些特殊项目需要经费，例如学生辅导等。来自工业或者商业途径的拨款无一例外都是专款专用。
其他机构拨款	有的学校会幸运地获得遗赠或者捐助。但这笔捐款都有特别目的，比如设置奖学金或者帮助贫困学生。几乎也都是专款专用。
出租与设备	大部分学校的设备设施都可以被外界机构使用。额外花费包括清洁、保养、磨损等需在这笔收入被纳入学校预算之前被抵消掉。

由于教育资金不断变动，更新数据很重要！

资金如何分配以及开销会受到很多限制，比如专款专用或者使用权限制，但还是会有很大一部分由学校自己决定如何支出，那么预算标题就应反映出预算开支的优先顺序。

建立预算

有两种基本方法来建立学校的年度预算或者三年预算，即历史法和基准法。表 6.2 与表 6.3 总结了两种方法的优缺点。

历史法指的是假设学校几年内的开支模式大致相同。因此，每一部分的预算标题给出的比例也与前一年基本相当。

表 6.2　历史法预算

加分点（优点）	减分点（缺点）
● 历史法开支模板提供了一个可信赖的起点。 ● 除非发生意想不到的事件，基于历史的预算（留有通货膨胀余地）基本不会在一个财政年内出现过度支出的风险。 ● 只要没有问题，就不需要修订。	● 有时候，学校的历史法开支模板会不知不觉出现这样或那样的问题。比如，一支稳定的员工队伍会在收入未增加的情况下支出快速增加，这被称为增量偏移。 ● 倘若某年学校入学率明显下降，那么显而易见的是，维修费用，比如教学楼和操场维护的支出比例就会上升，那么分配到其他弹性支出（比如学习资源）的金额就会缩减。 ● 如果所有预算标题都以之前的数据为基础，那么将会导致学校统一的优先任务（已在"学校改进计划"中有所阐述）上的资金困难。
注意点	
● 实际上，大多数学校建立预算的时候确实与往年预算非常相近，除非学校环境发生重大变化，比如入学率上升或者拨款缩减。 ● 在财政年度过程中，与往年开支作对比将成为监测当前预算的有效途径。	

基准预算指的是在每一项预算标题之下标出基本开支的绝对最小值的一种预算编制方法。其他可支配的资金，按照"学校改进计划"，则可根据学校的优先任务来按照预算标题进行分配。

表 6.3 基准预算

加分点（优点）	减分点（缺点）
• 此方法强迫学校重新思考学校的优先任务顺序，并评估这些任务顺序是如何在预算计划当中得以体现的。 • 对于将要面对大规模财政资金削减的学校将非常有用。 • 对于环境出现变化的学校非常有用，比如学校经历合并或者学校排名从 11-18 降为 11-16。 • 与历史法相比，基准法更能够在预算中真实反映学校目前与未来的优先任务（已在"学校改进计划"中阐述）。	• 较之历史法，有效的基准法需要更大量的时间、思考与谈判。 • 考虑到学校更接近于一个保守的机构，但凡资金分配过程中出现了重要变化，一定会有不小的阻力存在。 • 从相对安全的历史预算法转为基准法，一定会存在风险。因此要格外谨慎，万一发生严重的误算，一定要保证有充足的意外开支。
注意	
比起任职已久的校长，新上任的校长会认为基准法更易被主管部门接受。如果你是任职已久的校长，那可以按照既定方式准备预算（大部分使用历史法），给主管部门两个选择即可。	

下面来研究一下学校预算案例，并发现问题。

表 6.4 梅勒寨高中 2011—2012 年度预算

标 题	预 算	百分比
开支		
教职员工		75.8
教师（全职）	3,086,500	60.4
代课教师	50,000	1.0
教育辅助人员	362,000	7.1
行政人员/办事员	174,450	3.4
其他职员开销	200,000	3.9
供给与服务		16.6

续表

标　题	预　算	百分比
学习资源	528,000	10.3
职员发展与咨询	29,500	0.6
餐饮	192,000	3.8
其他供给与服务	100,000	2.0
房产		7.8
教学楼/操场改善	2,000	0.05
教学楼/操场保养	27,000	0.5
清扫与管理费	122,300	2.4
其他房产支出（如能源）	245,600	4.8
特殊设备	1,673	0.05
收入		
基本委派预算	4,590,816	
额外的特殊教育需求拨款	123,483	
少数民族学生学业成就资金	264,015	
标准资金	361,009	
其他拨款	12,000	
设备与服务收入	58,000	
捐款/筹款	2,500	
总计		
整体收入	5,411,823	
整体计划支出	5,121,020	

续表

标　题	预　算	百分比
收入多余支出	290,803	
2010—2011 年度结余	249,208	
2012—2013 年度计划结余	540,011	

以下的观察报告将有助于理解这份学校预算：

- 分配给全职教师的预算基于一个"已知"数据：即目前在固定岗位上工作的教师（如 2011 年 4 月）至 2012 年 3 月前的预计支出。数据考虑了 9 月 1 日以来的工资上涨的情况。当然了，如果有教师在 8 月或者 12 月离职的话，数据还会有变化。这份预算分配则假定可以找到相似薪资的教师来替代。

- 代课教师的开支是在考虑了通胀后基于去年的情况做出的大概的数据。如果该部分配额没有全部支出，剩余资金将投入至学习资源中。这就是一个以固定预算填补未知开支的案例。

- 如果以全国范围的数据监测本预算就会发现教育辅助人员的支出比例相对较高。这意味着许多学生都需要提供语言学习或者特殊教育需求的援助。

- 学校的行政与办事职员非常稳定，所以可以对他们的薪资支出有一个准确的分配。与教职人员不同的是，所有行政人员的调动都在 4 月 1 日。

- 学校在招收长期教师方面有困难，因此比较依赖于代课教师或者其他短期合同教师。为了便于查询、安排这些教师的工资，他们被分开进行预算。整体的预算划分按照全职空缺的数量（4.5）与一位教师的年均支出来计算，余下 5000 英镑用来支付广告费与人才招聘费。

- 学校在学习资源上的支出（10.3%）有点过高，因为监测数据显示全国平均支出占总预算的 5%。这项数据显示，学校在硬件、软件、互联网络信息以及科技交流等方面的投资是"学校改进计划"的优先任务。

- 学校对于教职员工发展与咨询的预算反映了"学校改进计划"中的培

训需求。这笔预算也包含了"标准资金"与其他额外的拨款被专款专用在国家或地区的提议上,比如全国性策略等。

- 学校用于餐饮的预算比例也较高。学校有很大一部分学生享有免费学校午餐的权利,还有许多学生中午没办法回家吃饭。学校与商业供餐者的合同将于 2012 年 8 月结束,政府主管部门正在考虑校长的提议,建立一个校内的餐饮服务机构,以便学校更好地监管食物的营养质量。这意味着将会有许多非授课型职员的工作预算。

- "其他供给与服务"则是一个泛泛的预算概念,这表明学校构成的复杂性。这可能会包含办公室耗材(影印、邮费、文具等)以及通话费。

- 学校的教学楼都是一些大型且年久的建筑,因此,会需要昂贵的维修费。在"学校改进计划"中,学校将于 2013 年夏季开展重建与翻新的工作,政府的拨款则是资金的主要来源。学校当期预算将会投入 500,000 英镑。同时,由于没有其他工程,这将是最小值分配额。

- "其他房产支出"又是一个笼统概念。学校应当分开安排不同形式的能源支出(电、气、其他能源和水等)。从最佳的供货商那里协商与购买可以节省开支。

- 由学校自己支配的投入特殊教育需求和少数民族学生的大比例的预算配额表明学校有很多这样的学生。因此,对这类学生的帮助与特别准备应当是学校的优先任务,任何资金安排的变动(比如近年来已经发生的)都会对学校的预算产生重要影响。

- 体育馆与全天候运动场地的租金,以及其他服务(比如参加成人教育的学生使用 ICT 设备)成为预算中的重要资金来源,这差不多相当于两位全职教师的预算。

- 学校从社区很难寻得经济援助。这反映了所在社区的社会经济地位比较低。另一方面,学校或许认为在资金筹募方面花费时间与精力是没有必要的。

现在是时候检查一下你的学校的预算,并考虑如何起草预算。

监控支出

校长与主管领导不仅要在财政年度之初做出预算（成人学校从 4 月份开始，专科院校从 9 月份开始），还要负责监控本年度的支出。虽由当地政府或者学院的财政官员提供信息，但依旧需要一份策略性概览。

在大多数预算当中，很少出现每月支出正好是年度预算的十二分之一的情况。这是因为不同的预算标题有不同的开支模式。表 6.5 做出了总结。

表 6.5　开支模式

开支模式	预算标题
年度一次性支出	地产税 代课教师（含保险）
每月相同开支	后勤人员（假使 9 月没有变动） 行政 / 办事 / 体力劳动者 管理与清扫 租金
从 9 月至 3 月较高	教师 维修与保养
10 月至 2 月较高	能源（供暖与照明） 代课教师
4 月至 9 月较高	操场保养 改建 复印
8 月较低	办公耗材 通话费 消耗品
9 月份可用至 80%	书籍、文具和仪器
不可预计的模式	其他人员耗费

汇报进程

对于学校财政的良好管理，不是完全交付一个人（校长或者财务主管）并使其来承担法律责任，定期地对主管部门（或财务委员会）做出汇报也很重要。学校经常使用的针对政府的统一财务报表在向主管汇报的时候不太好用。我推荐使用表 6.6。一起来看一下这个表格，通过表格我们能获知哪些信息。

表 6.6 教育部罗姆郡，圣玛丽米德县小学预算监控表，2011 年 9 月，第 6 个月

预算标题	预算	本月	目前已支出	目前所占百分比	年底预测	预测变化	说明
教师	467,353	42,220	207,684	44	461,004	-6,349	
代课教师	14,160	690	13,282	94	17,422	3262	空缺由保险填补
教育辅助人员	41,136	3,532	19,956	49	41,136	0	
办事员/体力劳动者	68,076	5,576	34,624	51	68,080	4	
其他人员开销	3,614	240	3,560	99	5,000	1,386	额外广告费支出
整体雇员	594,339	52,258	279,106	47	592,642	-1,697	员工支出总体平衡
房产	25,552	2,246	13,244	52	26,720	1,168	油箱已满，已在低价时购买
学习资源	28,130	6,956	23,350	83	28,130	0	
其他供给与服务	6,950	66	2,814	38	6,950	0	
支出总额	654,971	61,526	318,514	49	654,442	-529	
收入	-2,320	-290	-1,234	53	-2,468	-148	
网络支出	652,651	61,236	317,280	49	651,974	-677	
未分配预算	27,024		27,024		27,024		分配给新的 ICT 网络项目
总计	679,675		344,304	51	678,998	-677	

- 与其他学校相比，这个学校的预算规模很小。这就意味着任何与计划预算有微小的偏差都可能带来严重的影响。
- 学校已经处于财政年中间，第 6 个月月末。
- 利用简单的心算就可看出来 9 月 1 日之后聘用教师的费用已经增长，余下的 6 个月预算远远多于已经支出的金额。这就是典型的针对教师支出的预算模式。
- 分配至代课教师的预算已基本支出。校长该以何种策略应对这个问题？事实上，这是一次性支付款项，还有一个保险项目支付其余费用。
- 非上课教师的员工工资自财政年之初（4 月 1 日）也有所增长，但好在拨款足够。
- 针对广告空缺的预算（间接员工费用）已经全部支出。其余空缺职位的开支需使用其他预算项目来填补。
- 房产相关支出已经过半。这可能是个让人担心的问题，因为支出金额最大的取暖与照明（10 月至 2 月）时期还没到来。这个案例足可以说明监控预算中的消费模式有多么重要。不过，针对这种情况，学校时刻关注油的价格，并且明智地在夏季即油价最低的时刻将学校的储油罐全都填满。真是明智的开支方式！
- 学习资源的大部分预算已经支出。这倒不需要担心，等到 9 月份新的学年开始的时候，学校可以将不易损坏的资源都贮备起来。这也是另一种典型的开支模式。
- 学校适当的预期收入也按时入账。但因为在学校的总支出当中减掉了这部分内容用来预支网络支出，因此呈负数显示。
- 未分配的预算另作他用：投入至一个政府同意的特殊项目中。
- 年底的预测基于已知和预期的开支之上。下面一栏出现的变数则强调了原始预算分配与年底预测之间的差距。呈现负数是个好消息，这意味着该项预算实际花费少了。正数则需引起重视——或许有必要在这个阶段采取转账调用资金以便与现实开支情况相符合。
- 这个并不复杂的表格可以让所有利益相关者了解大局，但有时候也有必要研究一下更具体的数据，比如课程委员会会要求看一下投入不同科目的学习资源的开支。这绝对会在讨论会上提及校长的新提议的时候节约很多宝贵时间……

稳妥的金钱观

一直以来，学校都肩负着为了学生利益而明智支配经费的责任。在经济拮据的时候，能够建立一个稳妥的金钱观尤为重要。十几年前，政府发布的指导方针在今天仍旧适用，我们称之为4个C：

- 比较（compare）本校与其他学校的绩效率。
- 质疑（challenge）学校的绩效，以及为何、如何提供一项服务。
- 竞相（compete）确保经济、有效果、有效率的服务。
- 向利益相关者征求（consult）所提供服务的意见。

关于更多具体问题可登陆DfE网站查阅（www.dfe.gov.uk）。

标杆管理

能够确保学校以最佳途径开支的方式就是进行标杆管理。简单点说，标杆管理就是找相似的事物做比较。如果能够与其他学校就相似的开支，比如代课教师，做一个标杆管理的话，那么会对自己学校开支模式的制定非常有帮助。如果发现你学校的代课教师预算远远小于平均值，那么校长和主管领导就应当自问，是否因为在岗教师为缺勤教师做了过多的工作。另一方面，如果你的支出格外庞大，那就应当考虑是否应当节约一些开支，以便购买一些急需的教材。

- 拥有高质量的数据非常重要。当地教育局会发布一些关于小学、初中以及特殊学校的开支模式。不过，目前能够得到的最全面的数据库由DfE发布在其网站上：www.teachernet.gov.uk/login.aspx
- 还有一点很重要，即与相似事物作比较。当地可参照的数据有时候没有将不同类型的小学、初中划分开来，或者没有将不同社会经济区域的学校划分开，这样的学校很有可能使用不同的开支模式。坚持一条原则，那就是数据越宽泛，越不可能对判断自己学校的开支模式有所帮助。

- 不仅可以将整个学校的开支与其他学校作对比，也可在学校内部做一些标杆管理。有两种可以参考的方式：一是比较学校课程中的不同课程投入到每个学生身上的开支，二是对比一下每年维护操场的费用与教室装修以及家具的费用。
- 还需要不时地记录内部标杆管理。将每年的电费、电话费开支做个记录，合理考虑通胀，这笔费用是上升了还是下降了？可能原因有哪些？是否需要更换供应商？还是需要改变一下学校的操作？
- 当然，单凭标杆管理是无法解决所有问题的。比如，你发现你的学校在后勤与行政人员方面的开支比路口那所学校多了5%，不过，这有可能是学校的一项英明决策：将教师从其他非教学任务中解放出来，这也能说明学校的开支模式会反映学校所选择的优先任务。如果并非这种情况，校长则需检查一下非教学人员的使用情况，制定一个中期计划在恰当时机实行减员。
- 注意那些与其他学校不同的因素。比如，如果今年的入学率大幅度下降，那么就可能会发现教学楼与操场维护的开支在总预算中所占比例远远高于平均值。原因在于学校冬季取暖与照明的费用没有变，但是学生减少，收入减少了。如果不采取对策，那么随着时间推移，这个问题会愈发严重。学校可以减少无人使用教室的耗费，或者通过出租空余教室来增加收入——详情参考案例学习。
- 伦敦学校的整体开支越来越高，包括上课教师的工资。英国教育标准局建议伦敦的学校在做标杆管理之前，在自己的数据上整体增加18%的比率。

案例学习：处理意外情况

不管学校多么仔细地修订财政策略，总会有意外的变动发生（通常还是坏的变动），这时我们需要应对这些变动。这在2011—2012的财政年初尤为真实，当时政府拨款的变动让许多学校感觉手头紧了一些。请阅读下面这个案例，并思考：如果你是学校领导该怎么做……

学校

塔楼小学是一所位于巴切斯特市中心的大型学校（820 名在籍学生）。

直到现在，学校有着充足的拨款，并且为了 2012 年夏季的更新陈旧的 ICT 资源的计划，已经预留了一笔相当可观的支出。但出于一些不可预见且无法避免的情况，学校 2011—2012 年度预算中的收入（见下一页）缩减了 100,000 英镑（进行中）。你作为学校领导与高级领导团队的一员，学校的财政委员会让你做出决定——他们经由慎重考虑向你提出两种解决方案。

相关信息

学校的使命宣言：

- 高目标。
- 诚信。
- 合作。
- 享受当前工作。
- 做好所有分内之事。

职员

学校目前岗位全部满员，没有多余职位。全校只有两名教师不是终身制合同。这两位教师目前签署的是一年期合同：A 先生，法语全职教师；B 女士，音乐全职教师。这两位教师每年整体支出为 64,000 英镑。这两位教师有效地帮助其他教师从计划、备课以及评估（PPA）的工作中解放出来。学生们都很喜欢法语课与音乐课。还有两位员工是临时合同——一位兼职的影印助理（16,000 英镑每年）以及一位助理管理员（14,000 英镑每年）。目前，校长与副校长都没有固定教学任务，但他们经常会代替请假的老师上课。因为学校里申请特殊教育需求的学生比重很大，因此学校对于教育辅助人员以及其他后勤人员的预算也比其他学校要高。

由于学校将维持一个良好环境作为重要发展任务，因此对管理与清洁的预算比例也比较大。学校也有比较多的行政人员与办事员，因为政府、学校校长与高级领导团队都认为教师与教育辅助人员不应在非教学任务上浪费时间与精力。

校舍

学校现代化的大楼非常舒适，维修与装修情况良好。校内还有一些老旧的教室——这些是没有拆除的旧的教学楼。虽然现在学校不再使用这些教室，但都可以继续使用，包括电、气、排污以及供水等。在"学校改进计划"中，校方计划将这些教室改建成为儿童活动中心，不过当地政府还没有同意这一提议。当地一所独立的幼儿园和托儿所对这些教室很感兴趣，希望能够租借。学校能够分到大约每年 12,000 英镑的租金。

学习资源

虽然急于建立稳妥的金钱观，但主管部门与高级领导团队也致力于提供优秀的学习资源。学校意识到之前那些先进的资源正逐渐落后，因此"学校改进计划"中包含了在 2012 年夏季出资 400,000 英镑来更新这些资源。学校关于学习资源的年度开支比全国平均值高出 15%。

收入

通过向教堂出租学校的礼堂与操场，允许他们在每周日的上午九点至下午六点使用，学校可获得额外收入（扣除地产费用后约为 15,000 英镑每年）。

表 6.7　2011—2012 年度学校计划预算总结

预算项	预　算
支出	
职员	
教师（全职）	1,501,900
代课教师	50,000
教育辅助人员	216,000
行政/办事人员	220,500
其他职员开支	10,000
总计	1,998,400
供给与服务	
学习资源	137,000
职员发展与咨询	10,000
餐饮	50,000

续表

预算项	预 算
其他供给与服务	150,000
总计	347,000
房产	
教学楼/操场改建	2,000
教学楼/操场维护	27,000
清扫与管理支出	90,000
其他房产支出(如能源)	125,600
特殊设备	1,673
总计	246,273
以上总支出	2,591,673
收入	
基本委派预算	2,610,000
额外的特殊教育需求拨款	61,483
少数民族学生学业成就资金(EMAG)	40,015
标准拨款	150,009
其他拨款	12,000
设备与服务收入	15,000
捐款/筹款	2,500
总结	
总收入	2,830,221
收大于支	238,548
2010—2011年度结余	149,208
2012—2013预计结余	387,756

案例点评

乍一看,学校有能力解决眼前问题,即从收大于支的预算项(238,548英镑)中调用100,000英镑,而且还可以在2012年选择一个更适度的ICT资源更新计划。然而,学校收入的减少不会停止,因此,寻求开支的缩减才是更明智之举,以便在未来几年可持续发展。一种可能性是缩减职员开支,看起来有弹性的区域就是两位临时教师,A先生与B女士。但校方是否想看到学生课程因为这个原因被缩减?能不能够做到削减学习资源支出的同时不影响学生的学习?学校能否从出租上得到更多收入?你会发现其实有很多解决方案,并且让学校重新回到自己的使命宣言中去考量其价值观与愿景……

结语

无论你在学校担任什么职务,领导一个部门、一个团队,还是全校领导,或是高级领导团队中的一员,你都有必要了解学校预算,因为这会对你所有的战略决策产生影响。对预算的了解会帮助你完成更多实际目标。我希望本章会帮助你收获这份了解。

进一步思考问题:

- 学校预算资金从何而来?
- 学校预算开支的限制是什么?
- 学校目前如何制订预算?
- 你也会这样做吗?
- 学校预算是否与"学校改进计划"相关?
- 计划预算是否有结余?如何做到结余?
- 谁来负责监控并汇报月开支?
- 使用哪一种报表来向上级主管部门汇报开支?
- 这份报表是否能够说明问题?
- 在与相似学校做标杆管理的时候,能够收获什么?
- 学校如何努力获取稳妥的金钱观?

- 学校由谁负责战略决策？校长与领导团队？政府官员？还是二者皆有？
- 案例学习——你能列举哪两个供主管部门考虑的选项？
- 阅读本章过后，是否会对你作为校长该如何领导与管理财政计划产生一定影响？
- 请与我分享你的观点（douglas.macildowie@tesco.net）。

资源与拓展阅读

Coleman, M. and Anderson, L. (2000) *Managing Finances and Resources in Education*. London: Paul Chapman.

Ofsted/Audit Commission (2001) *Guidance on Best Value Reviews*. London: Ofsted.

O'Sullivan, F., Thody, A. and Wood, E. (2000) *From Bursar to School Business Manager*. Prentice Hall, Englewood Cliffs: NJ.

Poppitt, D. (2001) *The School Fundraiser*. Questions Publishing: Birmingham.

These publications have a good track record, but in a constantly changing environment the best way to keep abreast is through reading your TES and a journal like *School Leadership Today* (www.teachingtimes.com). Also take a look at some useful websites:

For benchmarking, go to: https://sfb.teachernet.gov.uk/login.aspx

For details of school funding, see: www.teachernet.gov.uk/management/schoolfunding/

To find out more about value for money, go to: www.dfe.gov.uk and do an advanced search for 'value for money'. Keep in touch with this website to keep abreast of a constantly changing funding scene.

管理数据

珍妮·弗朗西斯

数据的目的与价值

学校的数据一直是提升成绩、查找学习障碍以及评估过程的最强大的驱动力。基本上每个学校都会有足够的数据来填满每间教室的档案柜。但是校长是否了解应该如何使用这些数据？谁来使用以及为了达到何种目的？本章试图解开数据的神秘面纱，并让数据更易理解、更有帮助而非成为学校的负担。

到底什么是数据？《牛津简明英语词典》将数据定义为"可以通过假设、前提等方式得出推断的已知的、被承认的事物"（2011）。因此，这就意味着我们掌握着非常广泛的数据，可以帮助我们达到目的、提升学生的成绩并且扫除学习障碍。

学校与学生数据

数据指的是学生数据或者学校数据。学生数据可不单单指学生测试成绩的汇合，我们将会看到，这个数据包含了很宽泛的方面。有的数据会让人觉得一直都很有用，有的则让人觉得没什么必要。但它们一直客观存在着，而且还会是影响学生教育过程的因素。

学校数据可能包括在施教过程中搜集到的各种信息，比如课程观摩、图书检查或者学习方法等。数据也包括教师自身的信息以及物质资源、财政、测试登记等等。外部数据可能来自 Ofsted 视察员、当地政府官员或者调查等。那么，我们一起仔细了解一下这些数据以及如何让这些数据对学校和学生发挥价值。

数据分类

我们会获取哪些数据？

关于学校的学生，你掌握哪些数据？请列出清单。

现在自问：这些数据可靠吗？

谁收集的数据？

数据被保存在哪里？

谁来使用数据以及为了什么目的？

再列出和学生无关的学校里的其他数据。

涉及学生的时候，数据可分为两大类：

- 情境信息：与学生和其家庭相关的信息
- 表现信息：之前的表现、目前水平、预期与目标

与这些信息并列的还有出勤、守时以及所有的行为问题记录。

情境信息

情境信息与每个学生相关，通常由学生家长或者看护人提供。不过，在很多情况下，由于种族不同以及家庭语言的不同，这样的信息要么比较随意，要么由家长决定提供怎样的信息，因此并非所有信息都真实可靠。

下表列出一些收集到的原始数据大纲。读者则需考虑数据的有效性与准确性及其对学生发展产生的阻碍或促进作用。但是针对这些话题的深入讨论则非本章重点。

表 7.1　可收集到的数据以及相关问题

数据分类	备注
年龄与出生日期	入学年龄将是年龄较小的学生的不利条件。 反之，划分年龄段与年龄组，则会降低对有能力的学生的挑战。
性别	通常认为性别是影响学生学习方式、行为以及学习态度的因素。
种族	种族可能会引起多种问题，这并非单单与基因相关，也与学生被抚养长大的方式相关。
英语非母语	这个分类范围很广，既包括无读写能力的家庭，也包括掌握多种语言读写能力的家庭。将学生按照英语读写能力进行分类，但对于很多英语刚入门的学生来说，一旦消除语言障碍，那么将获得飞跃性的发展。
需要特殊关照	常受批评的学生，他们需求复杂，尤其是有行为和学习态度问题的群体。
社会经济团体	贫困指标。儿童受贫困收入影响指标（IDACI）（可能部分学校没有该指标）是按照邮编以及全国范围数据统计划分的。通常使用的指标是"学校免费午餐"，但由于这也是家长的选择，所以也不够准确。
特殊教育需求与残疾	涉及行为障碍、学习困难、心理与身体健康的一系列指标。可由学校内部划分为特殊教育需求、学校行动（SA）或者学校行动+（SA+），也可由外部教育需求评估——这会给学校增加额外的拨款。内部分类完全由学校自行判断，而且在使用过程中也会出现很多变化。
个人特殊信息	这可能涉及一个学生的临时或者永久状况，比如生病、丧亲或者儿童保护问题。

这些数据也可被整理进入学校的整体百分比数据当中。整合过后的数据经常由当地教育机关送达至学校，不过大部分的数据是由 RAISEonline 网站总结的。除此之外，学校还应整理一些关于欺凌事件、种族主义事件，或者临时、永久排外事件的数据。这些因素与其他因素共同提供了改善学习成绩的线索。

数据评估

能力指标虽然种类繁多复杂，但大概分为以下三大类：

- 基本水平数据（入学水平）
- 现阶段成绩或表现
- 预期与目标

这里涉及两个主要的概念：一是成绩，即学生的原始成绩、分数或者他们实际获得的水平；二是成就，这个名词与提高过程相关，Ofsted 认为成就描述的是按照特殊指导而获得进步与成绩的综合性过程描述。

基本水平

英国的学生在入校的最初几个月内，将主要通过观察来接受一系列幼童的早期阶段评估（FSP）。可以通过教育部网站（www.dfe.gov.uk）来了解该评估，教师将针对一年级至九年级的孩子按照能力水平描述要求进行关于行为与学习的六个方面的评估。

表 7.2　学生的早期教育评估

阶段	学校年级	评估方式：测试 =T；教师评估 =TA
早期教育阶段	出生至 5 岁；入学	TA：6 个方面；13 大类，打分为 1 至 9
KS1	1-2 年级 7 岁	TA：读写、计算、科学
KS2	3-6 年级 11 岁	T：英语读写（包括书法）、拼读、数学（包括心算） TA：英语、数学和科学
KS3	7-9 年级 14 岁	TA：英语、数学、科学、历史、地理、现代外语、设计与科技、信息通信技术、艺术与设计、音乐、体育、公民与宗教教育
KS4	10-11 年级 16 岁	围绕核心的英语、数学与科学课程开展选修课，通过广泛的外部测验来评估。主要评估工具为普通中等教育证书（GCSE）或者英国商业与技术教育委员会（BTEC）。
KS5	12-13 年级 18 岁	大概通过两年的课程学习获取（GCE 考试）A 级水平，以及第一年年末的阶段性考试获得 AS 水平。可提供更广泛的、与未来就业相关的课程供学生选择。

KS：Key Stage（关键阶段）

英国教育系统的测评成果

英国大多数地区都按照《国家课程》执行规定的课程和评估框架，这意味着整个过程按照关键阶段划分，并在最后测评。学校的关键阶段 1 和 3 的测评结果并不对外公开，而关键阶段 2、4 和 5 则对外公开。学生早期阶段评估不对外公开，也不作为后期的测评参考，只是为关键阶段 1 的课程做准备。

学生也可在不同年龄接受外部测定，如 GCSE、A 水平以及其他类似测评，测评结果与关键阶段的年龄段相对应。

使用数据分析

根据学生的学业表现来评价他们参与《国家课程》的水平，并且由此把他们安排到适当的水平，从水平 1 开始，通过水平 7（以及数学的水平 8），一直到关键阶段 3 结束。为了能够更准确地掌握学生的进步情况，每个阶段也被更加细化，比如水平 4 又被分为 4a、4b 和 4c，其中 4a 水平最高。完成各个水平的结果分析可以参照表 7.3 的分数标准。

为了丰富追踪数据结构，学生也被指定参与 GCSE 以及其他更高水平的检测。

尽管针对这个过程的价值与有效性依然存在争议，但从一开始，感兴趣的团队就可以将不同班级、不同学校的学生做比较。在这之前，家长会被告知自己的孩子表现"很好"或者"还可以"，由于缺乏标准化，这一评语只是任课教师的个人经验，而且也只是在本班内部的比较而已。直到学生在 16 岁的时候参加 GCSE 或类似测试，并与全国范围内的其他学生进行比较后学生与家长才会对该生的能力有一个恰当的判断。

同样，在这个体系出现之前，没有任何客观的方法可以判断教师对学生的指导是否有效。

数据的深度分析

有了这些分数标准，就可以评估学生以及每门功课的成绩分数。学生在学习关键阶段的核心课程的时候，就可以知道自己的平均绩点（APS），也可以知道学校内各个班级以及组群的平均绩点。现在，测评学生在学习生涯中各个阶段的成绩已经变得很简单。可以在每个学年结束后做一个内部测算，也可以在全国范围内按照关键阶段做测算。

表 7.3 关键阶段 1–3 的绩点

水 平	分 数
W	3
1	9
2C	13
2(2B)	15
2A	17
3	21
4	27
5	33
字母等级 A= 缺考 B= 没有达到测试水平 N= 参加考试但没有达到该水平 T= 达到测试水平但无法参加测试 W= 朝向水平 1 努力	
GCSE 绩点	
判定级别	分 数
A *	58
A	52
B	46
C	40
D	34
E	28
F	22
G	16
U	0

续表

A 水平资格的绩点	
判定级别	分　数
A *	300
A	270
B	240
C	210
D	180
E	150
U	0

学校绩效的预期水平

通过绩点系统的应用，就可以计算并发布学生的预期成绩水平以及各阶段的进步。目前，要求学生在关键阶段 1 达到英语与数学的水平 2，在关键阶段 2 达到水平 4，在关键阶段 3 达到水平 5。待到关键阶段 4 的时候，学生的英语和数学应获得 5 个 GCSE 分数，从水平 A * 到水平 C，不过在阶段 4 和阶段 5 都会有很多类似资格的课程供学生学习。2010 年起，英国政府施行英格兰文凭考试制度，涉及的科目包括英语、数学、历史或者地理、科学以及一门语言。政府也会针对更广泛范围内的职业及其类似资格考试定期发布一些指导意见。

全国对学生进步的期望主要包括关键阶段 1 至 2 中的两个水平（12 分）以及关键阶段 2 至 4 中的三个水平。不过我们都知道，并非所有学生都能达到这个标准，因此政府也设定了"基本目标"——所有学校都必须达到的成绩的基本水平，这样可以作为绩效基本完成的标准。

关于关键阶段 1 至 2、关键阶段 2 至 4 的预期进步的水平可以查阅已发布的表格，下表则是关于关键阶段 2 至 4 的说明。

表 7.4 关键阶段 2 至 4

		GCSE 分数								
		无分数	U	G	F	E	D	C	B	A	A*
KS2 测试水平	其他水平或无提供数据										
	B, N										
	2										
	3										
	4										
	5										

答案
■ 收获了预期的进步
■ 没有收获预期的进步
□ 不列入计算

目标设定

对于每个学生目标的测算，可使用预期进步的进步线来表示。学校可以提高进步线的水平来涵盖理想型目标与最基本目标，也可以根据学生的已知情况调整进步线。

附加价值

学校需要追踪学生在以下两方面的进步：一是各个阶段的进步，另一个则是附加价值，即与预期的进步相比较。通过最基础的形式，附加价值将孩子的进步与预期的 12 个绩点相比较，文件编制则使用了更为复杂的计算，将已取得的进步与前一年水平相当的学生取得的平均（中间）进步做比较。由于学生的进步在全国范围内得到了提高，预期的进步计算也会逐年增高，这就会导致维持原有水平的学校发现自己已经处于落后的趋势当中。预期进步的差别大约在 100 左右，将这个 100 加到最后的数据之上（或者在阶段 4 中加至 1000），可以得到学校的附加价值的数值。

尽管目前已不再使用背景价值信息，但我还是会提到它，因为这是学校历史数据的一部分。

背景附加值

背景附加值（contextual value added，CVA）其实跟附加价值的计算方法差不多，但也会将特征相似的学生的进步拿来作比较。这个方法的意图就是顾及那些可能会对学生最终成绩产生不利影响的因素，比如贫困等，并为会涉及这些因素的学校与个人提供"合理的"期望。不过，越来越多的学校放弃使用 CVA 因素，因为它可能会（错误地）针对特殊组群或者学生设置进取心不够强的目标，从而在教师与学生群体中产生较低的期望值。

学校、特殊组群以及个人的 CVA 平均分可以通过计算得出，尽管计算很复杂，学校可以通过网络上的简便计算表为每个学生计算分数，也可以拿到更多的已经计算好的信息供自己使用。

RAISEonline 文件

每年九月，RAISEonline 网站会为每所学校服务，并提供该学年已完成的关键阶段的综合性分析。所有成果将按照一系列标准与特点被分析，并提供可打印报告以及接受网上的数据咨询。除此之外，RAISEonline 还包含学校的目标设定信息，但不涉及关键阶段 4 之后的任何信息。目前，可以通过一份名为《熊猫》（The Panda）的文件查询这些信息。尽管这也包含获得进步的信息，但可使用其他测量方法，比如"测量成功的新方法"（NMoS），这是由学习和技术培训局（LSC）发明的新系统。现在许多学校和国家的权威部门使用 ALPs 系统，这家独立公司主要提供成绩与进步的宽泛计算报告。

置信度与重要结果

阅读 RAISEonline 文件的时候，读者会发现有的结果被标记为绿色，有的被标记为蓝色，并标有 SIG+ 与 SIG− 的字样。绿色意味着结果是安全、积极的，即便参加相同测试的学生在不同时间会有不同的表现。相反，蓝色则意味着不管出现怎样的偏差，这都是一个特别低的成绩。

数据的其他来源

还有许多其他的数据来源可以用来为学生设定他们预期取得的目标并且为现有的组群提供分析。目前，主要有两种来源方式。费舍尔家庭信托（FFT）可提供一系列预测性与分析性的数据。尽管在指数，如背景附加值的计算方法与RAISEonline使用的方法不同，但FFT确实可以为每个学生提供主要阶段成绩以及GCSE所有主要科目成绩的预测，并列举获取某个分数或者水平的比例可能性以及根据不同的进度水平汇编学校的预期目标。

英国杜伦大学创建的评估和检测中心（CEM）提供了包括PIPs、MidYIS、YELLIS以及ALIS等一系列基础测试。这些测试可生成诸多的绩效指标以及态度方法。

除了使用以上这些方法，许多学校都在使用自己的软件或其他商业套装软件来做数据分析，这可能是一个简单的电子表格软件，也可能是学校管理体系内的复杂结构。

不过最重要的问题还是："为什么我们想要使用这些数据？"难道就是为了提高绩效管理吗？是否有理由可以解释为什么在数据分析上要花费这么多时间？

一个回答则是："如果你花费了大量的时间来分析数据却不花费时间来使用分析结果，那就干脆不要浪费时间了。"（伦敦的一位校长）

另一个回答是："恰当地使用数据分析，不仅可以为学校里的孩子们带来巨大的成就，也可以影响生活机遇和自尊价值。"（学校改进项目的合作伙伴）

希望读者在阅读下一个章节之前可以思考如下问题：

那些即将通报给组群的上一年的数据分析可以让我学到什么？

如何利用数据追踪来提高成绩？

数据分析还可以帮助学生取得哪些成绩？

我们也希望教师和校长们能够不断提问这些问题：

我的学校、我的科目/年级组、我的班级以及个人最近表现如何？

更确切地说，那些成绩较差的学生是否有相似的特点？是否需要检查一下他们的需求与学习方式？

上一年的数据分析并不仅仅为了证明成就，也可以用来找到消除学生学习障碍的策略。

下面的列表列举出了部分参与数据课程学习的高层、中层领导所提出的本校的数据使用目的：

- 证明个人的进步以及学生的成绩。
- 将数据与目标相比。
- 计算全班的进步与成绩的平均分。
- 找到特殊群体的特征。
- 让每个特定组群收获预期的结果（在结束之前）。
- 找出进步缓慢的学生。
- 在年底或者主要阶段结束的时候，找出需要尽快进步的学生。
- 针对成绩较低的学生提供介入辅导的策略，并制作表格来绘制在辅导之后的每两周的进步。
- 根据学生的标准来筛选数据。
- 根据一门功课的标准来筛选数据。
- 让每一个有需要的人能够得到这些数据。
- 将进步速度与全国的趋势作比较。
- 根据主题将数据分类。

数据分析只能提出问题，而非提供答案，在采取下一步行动与辅导之前，需要了解更多的证据。

引用阿尔文·托夫勒的一句话："虽然可以使用所有的定量数据，但不要尽信这些数据，还是要依靠自己的智慧与判断。"（1970）

下面讲述一个关于数据使用的经典案例：在某个学校，一个组群中的大多数人在某个科目取得的进步少得可怜。那么原因何在？是因为教与学的质量上不去？还是学生选错了课？还是有什么其他不同的原因？更重要的是，可以做什么呢？为了做出一个合理的判断，学校应当采取什么措施来进一步收集数据？

新上任的副校长决定收集更广泛的数据来解决这个问题。首先，她更仔细地分析这些数据。到底是谁的成绩提升不上去？是最近出现了下滑还是很长时间以来逐渐下滑？涉及的是所有学生还是随机的组群？这些成绩低的学生有没有什么共同特征，比如受到性别、能力水平、种族还是这些因素综合的影响，比如参与学校免费午餐计划的能力较低的女学生。

副校长通过一系列的学习通道与正式、非正式的课堂观摩来获取更多数据。她会站在走廊里听课，也会和学生交流，检查他们的作业。副校长还会检查教案、工作计划和资源，以及座位计划、时间进度、性别平衡和教学方式等问题。

最终，她找到了一些至关重要的指标。对于那些能力最强的女孩子以及有语言障碍的能力最差的男孩子来说，他们为什么没有取得优异成绩的原因很明显。尤其是这些男孩子甚至会制造纠纷从而影响其他人的学习。副校长帮助任课教师重新设计教案，调整针对女孩子的进度与任务挑战，并且区分使用教学资料以便这些有能力的孩子们快速进步。校长还找来一位助教将学习的语言难度降低至适合男孩子们接受的水平。教案也被重新设计，涵盖了更多的课堂活动与学习方式，因此，也会涉及更多学生的参与。

最终的结果就是学生的学习能力提高，学习成绩也有了提升。通过有效使用数据，副校长可以找到问题的关键并及时开展最有效的干预，这不仅省时省钱，更能够快速改进这些孩子们的生活机遇。

灵活使用数据

通常，教师会被大量的数据所淹没，从而无法辨别哪些学生成绩不良。这种情况下，应当使用下面这张简单的电子表格。这会帮助教师轻松查阅每一位学生的情况。是什么因素有利于学生完成预期计划？那些成绩不良的学生是否遇到了学习障碍？如何帮助这些学生？或许他们需要很多课外时间、新的资源、与家长交流或一对一的辅导。

表 7.5　一张简单的电子表格

姓名	英语 KS2	KS2	英语 KS3	KS3	进步绩点	
A	2b	15	4b	27	12	完成目标
B	2a	17	4a	29	12	完成目标
C	2a	17	3a	23	6	成绩不良
D	2b	15	3b	21	6	成绩不良
E	2a	17	4b	27	10	成绩不良

团队应当开展的有效实践则是将每个学生置入下表的九个格子中，在不看他们任何数据的情况下，先使用这张表进行分析，再回归数据，检查是否正确。

表 7.6　进步水平

	高	中	低
能力水平 低			
能力水平 中			
能力水平 高			

中学的校长或许会在努力查证小组的进步时忙到力不从心。图 7.1 则以信号灯方式表明学生在各门功课上与设定目标的差距。绿黄红三种颜色（这里只能以不同的灰度级表示）分别表示超越目标、达到目标以及未完成目标，凡是"红色"标示均强调辅导的需求。

性别	英语	数学	科学	历史	地理	印度语	西班牙语	法语	艺术	音乐	戏剧	舞蹈	体育	信息通信技术	宗教教育
男	L	L		L					L	L			U		L
男	L	M	M		L								U	M	L
男	L	M	M	M	L					L		L		M	M
男		L			L					M	M		L	M	L
男	U		U						L		U		U		M
女	M	M	L	M					L	L	M			L	U
男	L	L		L					L				L	M	
女	L				L				M	L			U	M	L
女	L			L				M	M	L			L	L	
女	L	L												L	L
男	L	L		L			M		M						
男	L			L							L		U	L	M
男		U									L			L	
男	L	L	L		L			M	L	M	L				M
男			L		M	M			L	L	M	M			
男	M	M	L		L				L	L			U		L
男	L	M	U	L	M				L	L				U	L
男	M	M	M	L	M				M	L	L			L	L
女	L	L	L		L				M					L	L

图 7.1

检查特定组群

学校能够根据组群的不同特点来检查相关的成绩,这点非常重要。尽管每个人的表现不同,但我们都知道有些学生的成绩是远远落后于同龄人的。目前,政府与外界部门正努力缩小这一差距,确保所有的学生未来在工作与继续教育方面能够拥有同等的机遇。

目前,那些贫困的学生尤为受到关注,以有资格申请学校免费午餐的学生(FSM)为例,2009年的数据(表7.7)说明了在早期教育阶段的差距就如此之大,并会被不断扩大,直到关键阶段4的结束。学校需要监控这种情况,并针对如何缩小这一组学生差距找出相应策略。

表7.7 2009年FSM与非FSM学生的全国性差距结果

	整体百分比	FSM百分比	非FSM百分比	差距
早期发展水平	52	34	55	21
KS1 阅读	84	71	87	16
KS1 写作	81	66	84	18
KS1 数学	90	80	92	12
KS2 Level4+ 英语和数学	72	54	76	22
KS2 L5+ 英语和数学	20	8	23	15
KS4 5+ GCSE 包括英语和数学	51	27	55	28

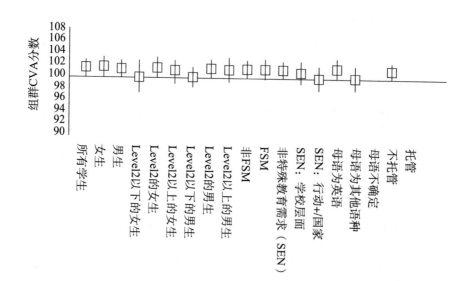

图7.2

学校可以登录 RAISEonline 查看去年每组学生的成绩。文件内提供每组的 CVA 数据，该图表显示的是特征图以及少数民族的图表。这两方面也有数字数据提供，可以利用这些数据找到每个人的关心焦点。

其他一些达不到预期目标的组群都是英语非母语的学生。但分析显示，与许多预期目标相反，这群孩子通常会比母语为英语的同龄人达到更高标准。

领导在全校范围内也会使用数据来监控。校长可以通过数据来了解每一位教师，以便了解学生的进步情况，这可能涉及以下方面：

- 是不是所有的教师都能够使班级学生取得相同的提高速度（考虑不同能力与科目）？
- 相似的班级是否能够每年都取得类似的进步程度？
- 学生在各个学科之间是否能完成相同的进步？
- 能否为新入校的学生设定相应目标？他们是否会完成？

如果将结果与监控实践相结合，那就有可能让某位教师的能力较低的学生取得卓越的成绩，而这样的优秀结果可以与团队的其他教师相互分享。而且，如果某位教师的学生成绩一直很低，也可以通过这样的方式确认并找到解决途径。

国家课程阶段之外

本章主要讨论的是关键阶段 1 至 4 的问题，但其中很多的观点与原则也可适用于其他场合，比如个人或者海外中心。一定要做的事情是：按照标准寻找教学材料、将材料按照不同水平分类，并找到能够获取最佳成绩的关键提示。对特别优秀的学生实施追踪数据计划，并实行标杆榜样管理，这会激发其他学生。一旦完成这一过程，就可能在学习过程中标注不断出现的进步。

在六年制学校中，最终结果是通过外部系统检测的，而许多学校使用内部系统评估最终的成绩。ALPs 文档可以为所有教师提供一份关于附加价值与原始绩效指标的完整、详尽的分析。

结语

了解并分析数据是帮助学校校长决定教与学是否有效的强有力工具。不过，单就数据而言，并不会带来任何好的教学或者好成绩，因此，必须是由学校来搜集数据并运用到学校的改进与专业发展中，不仅要关注学生的需求，也要实施庆祝、表扬与奖励等活动。

资源与拓展阅读

www.direct.gov.uk/en/Parents/Schoolslearninganddevelopment/ExamsTestsAndTheCurriculum/DG_4016665

Earl L and Katz S (2006) *Leading Schools in a Data-Rich World*. Thousand Oaks, CA: Corwin Press – provides the most comprehensive and straightforward guide on data usage.

www.education.gov.uk – keeps you up to date with the latest government thinking.

www.raiseonline.org.uk – explains the kind of data your school will receive.

参考书目与拓展书单

Consise Oxford English Dictionary, 12th edition (2011). Oxford: Oxford University Press.

Earl, L. and Katz, S. (2006) *Leading Schools in a Data-Rich World*. Thousand Oaks, CA: Corwin Press.

Kelly, A. and Downey, C. (2011) *Using Effectiveness Data for School Improvement*. Abingdon: Routledge.

Pringle, M. and Cobb, T. (1999) *Making Pupil Data Powerful*. Stafford: Network Educational Press.

Toffler, A. (1970) *Future Shock*. Pan Books: London.

课程管理

汤姆·克拉格

本章,我们将讨论与课程发展决策有关的问题,并研究如何让其他人同意新主张、如何让家长以及其他利益相关者共同参与进来。

切尔西学院:为 21 世纪创建的课程

切尔西学院是一所招收年龄为 11 至 18 岁学生的混合型宗教学院。学院于 2009 年 9 月建立,每个年级可招收 162 名学生,2014 年之前一直在扩招。肯辛顿与切尔西皇家行政区与伦敦教区学校经过长达 16 年的规划,共同赞助了这个旗舰项目。这所学校位于教育资源供不应求的伦敦,并且面向来自各种不同背景、各类不同教育需求的学生招生。我们的目标可以用学院的愿景宣言来陈述:

切尔西学院致力于建造一所极具灵感的学习团体,并且拥有高期望值与抱负的成就,学院秉持"不找借口"的理念,以基督教价值观为指导,以合作为原则,试图开发学生的最大潜能,让每个人都成为最好的自己。我们不会丢下任何一个学生,因为他们需要学习在 21 世纪生存与工作的必备技能。当学生们从学院毕业的时候,他们会具备任职资格、领导能力以及使命感来为社会做出积极贡献。

这就是我们设置课程的基本原则。

关键阶段 3

当为全新的关键阶段 3 开设课程的时候需要考虑如下关键问题：

- 这个关键阶段需要持续两年还是三年？
- 课程围绕具体学科展开还是通过专题项目展开？

专题 vs. 学术课程

最初，我们计划引入专题类课程，这样不仅可以帮助学生获取课本知识，也可以在更广阔的环境中提升他们运用知识的能力。这样整体性的学习方法以英国皇家艺术学院提出的"开放头脑与学会学习"为指导，看起来与学院的愿景十分吻合。之前也有先例证明这样的课程设计有利于关键阶段 3 的学生做好小学至初中的过渡。与小学学习相类似，一位教师会教授多门课程，学院内各个班级的授课也基本类似。

不过随着我们越来越深入地探究专题课程，我们更倾向于选择传统的授课模式，即学生学习一系列精细划分的课程。在设定七年级课程的时候，我们专门去拜访过其他学校，当我们看到教师传授着自己专业领域之外的课程的时候，我们开始自问：他们真的能够发挥专长吗？

当然，"开发头脑与学会学习"课程的许多方面还是很吸引人的，尤其是它提倡学生在各学科之间建立联系并学会知识的交叉运用。因此，尽管我们倾向于选择教授更具体的学科，我们也通过如下方式在关键阶段 3 的课程中采纳这些观点。

半学期专题

七年级的每个学期都会专注于一个专题，所有课程也基于这个专题设定。专题如下：

我们自己

我们的学院

我们的社区

我们的世界

我们的信仰

我们的未来

八年级依旧采用这些专题，但内容会更深入。

由于引入了半学期专题，现在上课的时候很少使用教材，课程全部以专题来主导，而非被出版社的那些现成的、通用的关键阶段3的课程教材所主导。由于学生可以更加自由地选择自己真正感兴趣的内容并且加速提升国家课程水平，学生们目前在所有科目的学习成绩都是良好甚至优秀。从我作为一名关键阶段3的教师的视角来考虑，由于摆脱了固定课本的束缚，采用一种更宽泛的主题教学也让我甩掉了包袱，进一步提高了自己的教学水平。

个人学习与思考能力（personal learning and thinking skills，PLTS）

虽然学校计划按照具体科目完成关键阶段3的课程，但依然希望学生在学习过程中掌握主要技能，所以我们的课程计划中包含了PLTS。每一节课不仅有一个与课程内容相关的目标，还包含一个与技能相关的目标。下面引用一节法语课为例：

学习目标：能够用法语做一段简短的自我介绍。

技能目标：找到法语发音需要提高的方面以及方法

由于大多数中学都使用标准化实践，因此所有的课程方案都包含着"所有人必须"、"大多数人应该"以及"部分可以"这样的模式来分为三个水平，不过我们额外增加了一项维度，即所有的教学内容与PLTS都以这三个水平划分。下面这个例子中的目标既与上面的课程目标有关，又与"反思学习者"的能力相关：

所有学生必须对自己发音的准确性有一个大概认识。

大多数学生应该能够找出自己常见的错误发音。

部分学生可以找到同伴在发音方面的长处以及可以提高的地方。

按照国家课程水平来考核学生的进步其实是一个很直接的过程，但考核PLTS就没有这么简单了。为了克服这个困难，我们设置了能够追踪学生进步的一系列的 PLTS 水平，在辅导期间于每一天开始与结束时定期填写记录。当学生能够完成某一水平的所有分类的任务时，他们会在表彰能力进步与学术进步的大会上获得一份证书。这项策略提高了 PLTS 的认知度，并让学生意识到除了在考试中获得高分之外，自己还有很多要学习的东西。

跨学科项目

除了 PLTS 之外，学校还在关键阶段 3 开展一系列跨学科项目，进一步鼓励学生将不同的学科领域建立关联并运用所学到的知识：

- 科学和音乐给人类带来了共同的作品。
- 将历史、艺术与舞蹈相结合呈现一部关于西部荒原的舞台剧。
- 与切尔西足球俱乐部一起整合西语课和体育课，用西班牙语教学生们足球知识。

浸透日

学校会每半学期举行一次浸透日活动，六个年级轮流带领全体学生参加这一天的活动。浸透日的目的就是要让学生享受不同方式的学习，并为教职员工提供一个加深学生学习的机会，浸透日全天只有一个主题。在最近举办的科技浸透日上（由科学设计、信息与通信技术以及商业元素构成），全院变身成为"切尔西披萨工厂"，学生参与到下列活动当中：

- 使用膨松剂制作一个 7 寸的饼底
- 在迷你的生产线上由团队合作制作披萨上面的配料
- 制作一个专业标准的食物标签
- 为这个披萨设计一个市场营销策略

当天学生参与活动的热情很高，一位八年级的学生在走廊里看到我并向我走来，她骄傲地打开手中披萨盒的盖子，给我看她做的比萨，并告诉我："我要把这个带回家给妈妈。"盒子里面是一个心型的比萨，看上去真专业！

近期的另外一个浸透日是由数学与科学教师举办的以交流为主题的活动日，学生可以通过以下活动获得深刻的学习经验：

- 密码学
- 摩斯密码机器
- 发送消息
- 动物的信息交换

一位客座数学家举办了一个数学交流的讲座。

在这个特别的场合，学校在开幕仪式上通知学生今天学院变为"切尔西大学"，每位学生需要完成发到手中的宣传册中的任务才能在浸透日结束之前"毕业"。以高等教育来激励学生真的特别棒，这让学生感受到了不同形式的学习过程。

浸透日不仅可以让学生收获显著的成效，就连教职员工也可以通过这个机会提升自己的技能，比如：

- 教师有机会教授课程范围之外的知识，或者在不同情况下授课（比如一位已经习惯在教室内上课的教师可以体验在其他环境的授课经历，反之亦然）。
- 根据计划来调整浸透日的安排也考验着中层领导的时间安排能力与组织管理能力。
- 浸透日之前，会安排某方面的专业人员为非专业人员提供培训。有的时候，刚获得教师资格的新教师还会为领导团队的成员培训课程知识。
- 浸透日非常有竞争性，因为教师总想在设计方案的过程中超越其他教师。这种健康的竞争有助于提升学生参与活动的质量。

学科拓展

每个周五下午，这原本是一周行为问题高发的时间。这个时间段不安排任何国家课程，因为下午的会议是留作学科拓展的。教师将学生按水平分组，并提供一些学生可能会很感兴趣的主题或者学科。我们坚信课堂之外也有教育，而学科拓展活动会帮助学生获得更完整、更广阔的教育经历。活动不仅传授知识，也会影响学生性格。在学校第一年入学典礼上介绍给学生的"学科拓展选修项目"包括：

- 希语研究
- 象棋
- 皮划艇
- 切尔西学院校报制作
- 未来的教师
- 电脑游戏设计
- 宝莱坞舞蹈
- 古代历史与考古
- 园艺和厨艺
- 未来的音乐家
- 摄影
- 精通自行车运动
- 肯辛顿官的服装制作

学生对学科拓展的理解就是"快乐学习",因此,当学校就关键阶段4是否继续开展学科拓展而征求学生会意见的时候,答案是肯定的。学科拓展活动对于团结教职团队也起到了重要作用,因为任课教师与辅助教员共同开展选修项目,而且不同学科的教师也会在一起合作。

共同建构学习

在切尔西学院,学生也会参与到学校的领导与发展管理中。学生、教师与辅助教员在学习中是平等的伙伴关系,我们的想法如下:

- 在全校范围内选拔一批"学生大使"参与到开放式晚会、浸透日以及教师晋升过程当中,甚至也会参与构建学校的课程设置与授课。让学生亲自体验采访过程,要求他们填写一份正式的工作申请表并参加申请工作的面试。
- 共同建构学习在关键阶段3的主要方式就是学生调查,了解他们对于学习问题的一些看法。下面是一个以音乐课为例的学生调查:
  ◦ 你是否会参加 GCSE 级别的音乐测试?

- 你对音乐学习的兴趣如何？
- 你对下列活动的兴趣如何？
- 音乐课的作业难度如何？
- 课程节奏如何？
- 你每周花在音乐独立学习（作业）的平均时间有多少？
- 音乐课在哪些方面需要提高？
- 你偏好哪一种独立学习模式？

- 下面这些活动是最近一次共同建构会议提出的，学生可以参照这些活动，实际参与授课过程：
  - 体育课上让学生在团队活动中承担自己的角色与义务
  - 完成戏剧的开场
  - 完成英语课的授课
  - 语言浸透日的时候使用阿拉伯语讲完一节课
  - 指导法语语言测试（代替外国语言助教）
  - 参与"未来教师"活动
  - 为当地小学生讲授数学课

挑战

设置任何新的课程模式都会遇到挑战，在关键阶段3亦如此。最初，在教师达成目标的过程中，遇到的一个最大的障碍就是时间，就像所有白手起家的企业都会在最初阶段花费大量的时间。学校了解到，如果使用别人制定的计划，就会耗费更多的时间。我们为了解决这个问题采取了如下措施：

- 在日历上规定了固定的、易管理的课程计划，以及截止日期。
- 只要有可能，就安排教职员工的讨论时间。
- 由主管严格监控课程计划，并确保将第二年重写课程计划的可能性降至最低。

随着学院发展壮大并增添至六个年级，能否继续维持对于关键阶段3的重视便成为了一个挑战。不过我们了解到，只要能够为学生提供启迪性的相关课程，他们就会取得很大的进步，并且对即将到来的关键阶段4也保持很高的期待与愿望。

对于尝试新事物，尽管你十分相信自己，但也要征求他人的意见。因此，学校会对关键阶段 3 的课程进行外部验证。顾问们会审查跨学科课程的教案，以及授课与评估，包括分级工作的示例。

目前，全国各地的教师都会遇到一个问题：即如何在关键阶段 3 结束的时候使学生对于那些在关键阶段 4 不再选修的课程依旧保持学习的热情。绝大多数学生会对所有功课保持积极性。或许最重要的原因就是他们在八年级的时候自己选了这些课，但还有一个重要因素是每个学生都会获得一张证明自己最终能力的证书。学校会一再强调，这份证书会被放至学生的成长档案中，这对于他们也是一个激励因素。八年级期末的各科考试也可以维持学生们对成绩的关注度，让他们产生一种"从关键阶段毕业的感觉"。

关键阶段 4

在开设全新的关键阶段 4 的课程时，需要考虑以下主要问题：

- 基于关键阶段 3 的学生概况如何？
- 学校会提供哪些不同的途径与课程，以及如何将这些呈现给学生？
- 为了让学生做出最佳决策，学校会为学生提供哪些指导？
- 关键阶段 4 的课程会持续两年还是三年？

切尔西学院的关键阶段 4 课程目标

在讨论课程之前，学院需要针对关键阶段 4 设定一个明确的愿景。下列目标就是学院课程模式的出发点：

深度：学生通过三年的准备，具备了完成未来资格考试的潜力。可以通过部分 GCSE 课程来缩小 A Level 与 GCSE 的差距。

质量：学生在关键阶段 4 的学习激情应当只增不减。经历三年的准备，该阶段的课程应当富于弹性，包括多种学习活动（比如项目学习、教育访问或者案例学习），不仅关注下一次考试或者下一个模块，更要鼓励学生完成选修课程并激发他们找到如何独立学习的方法。

帮助与支持：优秀的课程计划要确保满足所有学生的不同需求。

生活的技能与资格

包括：

- 所有课程继续围绕个人学习与思考能力（PLTS）展开，让学习与工作或者任何可能的专业途径有关联。
- 学生在课程中有机会与一些雇员、学院和大学产生真正的货币交易。

早期入门考试

鉴于我们的目标是让学生的课程尽可能的有深度，因此学校决定基本原则是不会让学生参加早期的入门考试，但不排除一些特别情况（比如十年级结束前，学生为完成 GCSE 的数学课程以便在数据方面获得更进一步的资质，做好了考试准备，或者是要参加十一年级结束之前的数学考试。）与其过度关注 A* 至 C 的百分比，倒不如致力于最大限度地提高学生的分数。

目前，一个越来越受欢迎的关键阶段 4 的课程模式是让学生学习为期一年的选修课，学生会在这段时间内集中学习。有的学校和学院发现这一模式会收获很优异的成绩，这些学校和学院将原因归功于：将一门功课的推荐学习时间集中到一年使学生体验了浸入式的学习方式。但经过一段很长时间的思考之后，学院放弃了这种模式。因为学院的很多学生在入学的时候，读写能力不如计算能力，考虑到读写能力会影响到学生日后在很多学科的答题情况，学校认为尽可能多花时间来提升读写能力是一项慎重的举措。

咨询过程

由于关键阶段 4 涉及的课程实在太多，选择哪些课程成了一个让人头疼的问题，因此能够与不同领域的同事分享这些课程模式真的是一个有价值的过程。像之前那样，以学生的情况为出发点，学校开始构建课程，之后征求学生、教师、当地以及全国范围内专家的意见来寻得最佳的可行方案。学校还在咨询过程中参考大量的书籍，包括关于课程模式的大量案例，并在中学入学考试的"副校长论坛"的网站上提问并等待回答。如此安排咨询过程的重要原因在于：第一，始终了解针对学生的最新机遇；第二，开展课程的时候也会考虑到不断变化的政治形势，尤其是那些与求职相关的信息。

方法

通过选择课程，切尔西学院的学生可以在以下通往关键阶段 4 的课程的三个可能的方法当中挑选一种方法：

- 只关注 GCSE 科目的更加传统、更加学术的方法
- 以 GCSE 为核心，但也综合了学术与专业课程
- 只关注 GCSE 的英语和数学科目以及专业课程。

艺术与设计（美术学）	媒体研究
英国商业与技术教育委员会（BTEC）艺术与设计	多媒体计算
商业研究	音乐
英国商业与技术教育委员会（BTEC）商业	英国商业与技术教育委员会（BTEC）音乐
电脑	行为艺术——舞蹈
时尚与纺织	英国商业与技术教育委员会（BTEC）行为艺术——舞蹈
食品科技	行为艺术——戏剧
法语	体育教育双选项
地理	英国商业与技术教育委员会（BTEC）体育单选项
德语	产品设计
历史	西班牙语

图 8.1

为了获得平衡的课程设置，取消以下学科的综合：

- GCSE 商业研究与 BTEC 商业
- 媒体研究与多媒体计算
- 计算与多媒体计算

之所以将所有课程都列入一个选项框的原因就在于不让学生对任何课

程选择产生偏见。如果将课程选项仔细划分并加以选课指导的话，有的课程就会被认为是精英课程，而有的课程则会被认为是"能力较低学生的选择"。因此，基于学生的选择，以及恰当的信息、建议和指导（见下表），才可以认为学生出于正确的原因而选择了正确的课。通过一款软件可以专门为学生制作一个最佳选择的表格。

时间表分配

关键阶段 4 的三年，每周分配到每门功课上的时间如下表：

表 8.1　关键阶段 4 的时间分配

核心课程	小时	选项	小时
英语	5	单选	2
数学	5		
科学	6		
产品设计	1	双选	4
体育	2		
宗教教育	1		
学科拓展	1.5		
时间总计			29.5

*学生可以选择四个单选，或者两个单选与一个双选，授课时长总计 8 小时。

以这份核心课程时间表为例，学校试图让全校 100% 的学生都能在 GCSE 的数学与英语测试中取得 C 级以上的成绩，因此也为此创造最大可能的学习机会。由于科学是学校的优势学科，因此每周学习六小时。这些决策与其他核心课程的时间安排都非常清晰，因此几乎没有遇到什么阻力。

不出意外的是，对于时间安排争议最大的就是选修课的教学时间。有的教师乐于每周上两个小时课程，但有的教师则希望三年内每周能上三个小时的课程。最终，我们成功说服所有教师按照上表来执行，而且我们辩论的方式也不会让学校的中层领导感觉自己是勉为其难接受最终结果的，因为他们知道这些都是出于学生利益的最大化而做的选择。

成功辩论的结果（关键词已用黑体标出）：

- 让教师有很多机会能够公开**讨论**时间表的提议，比如在关键阶段4，组织讨论小组与中层领导的会议。
- 一旦达成协议，在正式通过之前立即与所有相关人员**分享**。
- 从头至尾以**诚信**对待所有教师，并做到言出必行。
- 在整个过程中，我们成功创造了一种让员工愿意表达自己想法的**氛围**。当教师对会议主题的相关问题特别有激情的时候，他们可以与领导团队公开交流意见。在学校或者学院工作，总会遇到各种问题，但在上述氛围当中，出现的问题总能被快速解决。
- 与教师一同分享做某件事的**原因**，这让教师们了解为什么会做出这样的提议。
- 当需要罗列出某种行为的原因的时候，需要使用数据作为证据支撑。
- 让教师看到这项提议如何关系到自身**利益**。最后，通过使用数据，我们让教师看到每周上课两小时而非三小时是为了能够给更多的学生讲课，这是最强大的理由。
- 开展关键阶段4的工作小组是非常有帮助的，并不仅仅因为教师有机会将自己的观点融入课程设计过程，而且，当他们看到自己的观点真正被采纳的时候，他们就会**投身**其中。
- 讨论的结果其实就是达成**和解**。我们达成一致，会检查时间表分配，如果认为其中存在问题，立即作出相应调整。如此，没人会觉得他们"输了"这场辩论。

下面这段文字引自学院的报告，展示了教师在这个过程中的感受：

针对切尔西学院九年级学生的课程学习时间与数量而开展的这个咨询过程，由于让所有员工，尤其是任课教师参与到了政策决定的过程而变得非常高效。部分教师希望有尽可能多的时间来学习课程，而部分教师希望让尽可能多的学生来上课，这两种不可避免的矛盾最后被圆满解决。被采访者了解这个问题现存的挑战，并感觉自己的观点也被积极感知，最后也理解最终决

策的原因。(内部报告)

信息、建议与指导

在学校决定关键阶段4开展两年课程还是三年课程的时候,遇到的最严肃的一个问题是:"学生是否足够成熟来选择正确的课程?"最终,我们认为答案是:"是的,只要我们给他们提供做出正确选择的机会。"因此,给出一个高质量的提议是至关重要的。学生在选课过程中最常见的四个误区是:

- 因为喜欢某位在关键阶段3教过他们的老师而选择这门课
- 选择他们认为会比较简单的课程
- 听从了家长或者看护人的意见,选择那些自己根本不感兴趣的课程
- 选择朋友所选择的课程

既然找出了这些误区,那就轮到学校来确保学生远离这些误区。下面介绍一种简单的时间轴,八年级的学生如何为即将到来的关键阶段4的课程做正确选择的准备。

圣诞与春季学期

让所有学生参与关键阶段4的学生讨论,这样他们可以相互交流,并对选课过程与提供的课程有更深的了解。

十月份

通过"我的期望"的学生调查以及网上论坛,学生回答那些与未来计划相关的问题,并有机会在网上参与同学讨论。这能够提高八年级学生的选课意识,并且让他们开始讨论自己希望学习什么。

十二月份

通过选课预演,学生有机会填写一份选课单。这让关键阶段4的课程领导者获得关于教师需求的重要数据,同时也帮助学生开始认真考虑最终的选课。

一月份

所有教师填写八年级的"学生适用表格"。这些信息可以更好地帮助那些需要采用更实际方式来选课的学生,但这并不是决定性因素。

二月份

开展全天的"选课会议"，确保学生出于正确目的而选择了正确的课程。这个会议包括邀请客座嘉宾、试听课、信息课，以及采访学校九年级刚刚选完课的学生。

二月份

举办选课晚会，向家长与看护人介绍选课流程与可选课程。通过这个晚会，家长或者看护人与学生有机会就选课问题与教师进行讨论。

二月份

年级组长或者校领导与每一位学生谈话，了解他们的选课情况以及对未来的期望。

教师发展

学校首次实施"指导教师发展"的策略。有时，新任教师会参与课程，并在团队中给出意见反馈，这样可以让教师通过培训了解需要引入什么课程，然后有效地传达给各自的团队。这样可以保证新任教师尽快参与到关键阶段4的课程中。考试委员会通常在圣诞节之前会提供免费的培训，但在圣诞节后会由私人公司提供收费的培训，因此，为了最大可能利用资源，强烈建议教师在秋季学期开始的时候直接与考试委员会接洽培训事宜。

为了成为"课程专家"，学校经常鼓励教师成为科目监管员，这会加深教师对分数标准的理解。在持续专业发展（CPD）的评估中，年度会议被认为是关于特定学科领域与网络课程发展学习最有效的培训模式。最后，还有一个最受欢迎，也是费用最少的培训模式就是让教师参观其他学校或者学院，观察他们在关键阶段4的课堂上的优异表现。

未来计划——现在如何？

- 经常检查课程，这很重要，因此，近期必须进行学生与教师的观点反馈。
- 针对那些从九年级升至十年级的有特殊需要的学生，以及不习惯关键阶段4持续三年的学生，我们需要开发更多的方式。
- 我们打算开展一个学习技能项目，以便学生可以快速查看考试与评估的策略。

> 进一步思考问题：
> - 这份课程设计的优点在哪里？
> - 你是否做过不一样的设计？
> - 本章可以学到什么？

结语

总的来说，切尔西学院的课程建构是一个十分艰巨又十分值得的过程。有时，过多的课程模块的确让人很伤脑筋。当学生用心做出了选择时，他们的兴趣能够得到保持，这也是为什么我认为我们的学生可以持续地进步。

资源与拓展阅读

Curriculum Briefing is a thrice-yearly journal published by Optimus Education with articles focused on managing the curriculum.

www.curriculum-management-update.com – Curriculum Management Update is a subscription service that keeps you up to date with curriculum matters.

Davis, B. (2011) *Leading the Strategically Focused School: Success and Sustainability*, 2nd edition.

London: Sage – brilliant on ideas for building capacity for school improvement.

www.dfe.gov.uk – the Department for Education website with details of curricular changes.

www.itscotland.org.uk – some good ideas on curriculum from over the border.

www.tes.co.uk – some good curricular resources here.

www.teachable.net – quality teaching resources, by teachers.

领导与管理变革[①]

苏·赫尔曼

对于变革，我们了解多少？

变革是学校生活中永恒又自然发生的一部分，不过，领导与管理变革则是一个非常复杂的过程。变革并不是某一个一次性事件，而是一个需要认真管理的过程。变革意味着某件事物将会变得与之前不一样，状态发生了改变。在教育机构，教师会对提议的变革持不同的观点和情感，这取决于教师是否认为目前有变革的必要，或者他们是否认为需要变革。有的变革是表层的，只是要求在"如何完成"方面有微小的变化，但有的时候却是重大的变革，这就要求教师改变自己的态度、信念以及行动。

活动1

本活动旨在帮助校长和团队反思变革过程以及成功变革的条件有哪些。

想一想你的专业生涯中的重要变革，可能是个人的变革、团队的变革或者整个学校的变革。小组讨论一下这些问题的答案：

- 为什么本次变革很重要？
- 造成变革的原因是什么？
- 成功变革的关键是什么？
- 大家做了什么？

---

① © 创意领导力解决方案有限公司

- 大家说了什么？
- 大家对变革的感觉如何？
- 这次变革对教师、学生以及学校带来哪些影响？
- 针对成功变革的条件，你能够找到哪些常见因素？

变革的模式

目前有很多关于领导与管理变革的调查和模式。本章旨在突出一些变革的模式，这些模式也可以通过个人阅读进一步学习，而且也会涉及领导与管理成功的变革的一些重要因素。

萨尔森德与维拉（2001）制定了一套包含六个方面影响因素的变革模式。若要取得成功的变革，这六个方面缺一不可。

表 9.1 变革的影响因素

愿景	技能	动机	资源	行动计划	=变革
********	技能	动机	资源	行动计划	=困惑
愿景	********	动机	资源	行动计划	=焦虑
愿景	技能	********	资源	行动计划	=变革缓慢
愿景	技能	动机	********	行动计划	=挫折
愿景	技能	动机	资源	********	=出师不利

在这个模式中，一个清晰的变革的愿景是获取成功的关键，教师不仅要具有促进变革的技能与动机，还需要有恰当的资源与明确的计划来实施变革。

科特（2002）开发了一个八步骤的变革模式：

第一步：增加紧迫感
强调变革需求的紧迫感，找到潜在的机遇和威胁。

第二步：建立指导团队
在学校内组建一支跨学科的教师团队，由这支"变革联盟"来领导变革。

第三步：制定正确的愿景

制定一份涵盖学校价值观的未来愿景。

第四步：交流

讨论变革的愿景，提出关心的话题并且言出必行。

第五步：授权行动

找到并解除变革的障碍。授权教师来行动。

第六步：创立短期的成功目标

创立一些短期的、可达成的目标来激励教师。

第七步：千万别放松

以一些快速成功的目标为基础并始终保持紧迫感。科特认为有的变革失败的原因就在于太急于求成。

第八步：让变革常驻

将变革留存在学校并成为学校文化的一部分。

科特（2002）认为奠定成功变革的基础，最重要的就是要有紧迫感，要组建"联盟团队"以及设置愿景。千万不能急于求成，这一点很重要。让全校参与将成为实施、维系变革的动力。

伊根（2010）从"寻求帮助的问题管理与机遇发展"的角度出发，提出了一个包含三阶段的模式。这个模式集中通过辅导来帮助教师与学校找到解决问题的方法或"未成熟的机遇"。该模式的中心是那些通向"有价值的结果"的行为。每个阶段需包含三个环节。

阶段1：目前的状况——进展如何？

找到问题：学校最近进展如何？

新的视角：找到"盲点"，从一个全新角度检查问题。

价值：找出学校为了做出变革而需要关注什么。

阶段2：优选的状况——我需要或者想要什么？

可能性：为了未来设置一系列可能的选择。

改变议程：确定一个可以获得更好未来的可行选项。

承诺：学校内教师做出变革的承诺。

阶段3：前面的路——如何满足我的需求与想法？

可能的策略：开展一系列可能的行动策略。

最佳策略：从各类观点中找出最佳策略。

计划：生成一份最佳的行动计划。

上面这个过程并不是一个线性的模式，这是一个可以帮助变革过程的有弹性的指导框架。

> 思考问题：
> - 比较变革的模式，有哪些相似之处？又有哪些不同？
> - 使用变革模式有哪些益处？
> - 你会在学校使用哪种模式？

找到变革的需求

教育机构的变革需求会受到外部与内部的一系列因素的影响，比如国家与当地政府政策的变化，Ofsted 检查安排的变化，来自学生、家长以及利益相关人的意见反馈的变化，当然还包括学校自我评估结果的变化。

柯林斯（2001）建议，一定要在制定未来愿景之前，对当前形势有一个深刻的了解，比如"残酷的现实"或者"根据暗示采取行动"。这就要求通过对大量数据的分析来获得对目前现状的全面了解。

不仅要了解学校内发展顺利的因素以及原因，还要了解发展不利的因素以及原因，这两方面都很重要。比起那些具体的失败原因的分析，学习成功的案例更能够激发教师，让他们精力充沛。

活动 2：（改编自 TDA/NCSL 的学校改进计划框架）

本活动可以帮助学校针对发展顺利的方面进行庆祝，也会帮助找到需要改进的方面。也可利用本活动获得对学校自身情况的概览，也可以来检查某些方面的工作，比如教学、学习、课程以及出勤等。

若能够与不同的人合作，比如教师、家长、学生以及其他利益相关者，那么本活动将发挥最大价值。

校长在找到了关注的领域之后,需要征求小组关于以下问题的意见:

- 什么发展得很顺利?为什么?
- 什么发展得一般?为什么?
- 什么发展得不太顺利?为什么?

将这些问题罗列在一张特别大的纸上,让组员将自己的答案先写在便利贴上,然后粘到这张纸上。

收集所有的答案之后,就可以将这些答案按照常见的主题进行分组,接下来利用这些答案来进行下一步的讨论与辩论。比如:

- 这些观点只是参与者的感觉还是基于一定的证据?如果是后者,那都是些什么样的证据?比如,有的参与者认为作业完成得很顺利,有的则不然。
- 为什么参与者会有不同的感觉?比如是否全校所有班级都遵照一个规定来布置作业?这或许需要进一步调查。

对于顺利的部分,一定要表示庆祝。

对于发展一般的地方,或许需要稍作调整,以便日后发展顺利。

发展不顺利的地方或许需要进一步调查来深入了解这里的问题。

千万记得要给出现的问题、关心的焦点以及"不成熟的机会"优先排序(伊根,2010)。有的时候,学校为了不断适应变革而承载了过多的提议,这真的很危险,这绝对不是长期可持续变革的可行解决方案。富兰在《引领变革文化》(*Leading in a Culture of Change*)一书中便提及"目标并不是要做出最多的改变"(2001:34)。在同等的时间、金钱以及人力资源方面,学校不可能不停地变化,否则最终会给学校整体效率带来消极影响。

其中一个可以帮助优先排序的方法就是使用优先级矩阵。

活动3(改编自TDA/NCSL的学校改进计划框架)

为了获得有价值的结果,本活动旨在帮助校长将那些最能够影响学校效率的活动做出优先排序。

如果能与跨部门的教师共同合作,将最大程度发挥本活动的优势。

在小组里,就学校考虑进行的所有有潜力的提议/活动进行头脑风暴。

小组就如何优先排序达成统一意见,比如实施(完成能力)vs.潜在影响，以及你将使用的评估标准，例如使用什么标准来评估影响？

对于首选的标准，比如影响，按照 1-4 级的范围来定级。

现在就你的第二选择，比如完成能力，按照 1-4 级的范围来定级。

将每个选择标记在优先级矩阵中。

将这些选项分级：

- 影响与完成能力均高的将获得快速成果，因为相对而言实施起来很容易，也会产生很大影响。
- 影响高但完成能力低的获得成果需要一个长期的过程。

其他选项或许需要放弃，因为要么能力低，要么实施起来很困难。

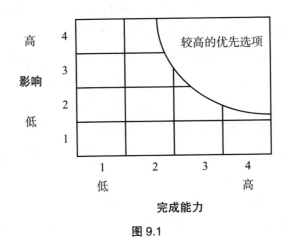

图 9.1

柯林斯（2001：11）在针对为什么有的公司会从"优秀跨跃至卓越"的调查中发现，"从优秀到卓越的这些公司并不单单关注怎么做才能够卓越，他们同样关注不该做什么以及停止做什么"。

活动 4

将学校或者部门在过去 3 至 5 年内已经开始或者正在实施的所有提议均罗列出来。

检查这份清单，并反思这些提议带来哪些变化？如何感知这些变化？

如果某项提议非常成功，那可以让我们学到什么？

如果某项提议没有带来任何变化，那需要做出什么改变？或者是否可以立即停止该提议？

获得同事、学生以及利益相关人的支持

不管在哪个变革过程当中，能够获得同事、学生以及利益相关人的支持真的非常重要。除非每个人都赞同提出的变革，否则推进这些变革会比较困难。正如富兰（2001：34）所说："在获取最佳观点的道路上怎么做都不够。"人们对提出的变革有何感觉、他们是否相信目前需要这些变革，这些都将影响他们对变革的态度。

人们对变革的情感回应是不同的。有的人会觉得变革让他们开心、兴奋、有激情，但有的人会觉得焦虑、恐惧或者害怕这些变革。这些情绪其实是由人们对变革的经验或者对可能产生的结果的感知所导致的。

学校内部政策同样可以影响到特殊群体对变革的反应。这些即将到来的变革可能会对这些群体的角色或者责任产生重要的影响，甚至会影响到他们的工作稳定性。能够意识到领导与管理变革的复杂性很重要。如果希望收获一份变革的合理计划，花些时间考虑变革将对情感与政策产生的影响就变得非常有必要。

了解人们对变革的接受程度并且邀请他们参与其中，会提高他们支持变革以及促进变革开展并坚持到底的可能性。任何一个团队都可能存在：

- 变革的倡议者，他们对于变革很积极主动，并能够了解收益，也愿意促成变革的生成；
- 跟随者，他们既不会特别赞同，也不会激烈反对变革。他们要么服从、接受变革，要么持保留意见；
- 反对者，他们会列举出所有反对变革的原因。如果没有强有力的理由，他们会竭力阻止变革的发生。

活动5

本活动旨在帮助校长反思自己的团队以及如何让成员更多参与到变革过程中，并承担相应义务。

这个活动最好以个人形式完成，或者找一位信任度高的同事完成。

思考一下，罗列出三类成员的名单：

- 倡议者
- 跟随者
- 反对者

将能够在团队中产生最大影响的个人名字圈划出来。他们来自哪个小组？是支持者、跟随者还是反对者？

现在思考一下如何与这些有影响力的人员合作，以便强化全队成员对变革的义务与支持，消除阻力。

为了获取支持并降低变革阻力，贝克哈德与哈里斯（1987）建议需要满足一些条件。他们建议使用下面这个公式：$D \times V \times F > 阻力$

D= 不满意：对于现状

V= 未来可能性的愿景

F= 第一步：完成愿景的可实现的第一步

贝克哈德与哈里斯认为，对现状的不满，同时有一个清晰的愿景，再加上通往愿景的第一步计划，这些大于变革阻力的时候，才会有变革的发生。

通过创造一个让反对者感觉自己的声音与建议会被倾听的环境，可以了解他们反对变革的理由，这对于一个可持续的变革过程十分重要。富兰（2001）建议将阻力重新定义为："比起那些跟我们意见一致的人，我们更愿意向那些持不同意见的人学习。"每日只跟那些与我们思维相似的人打交道，这看起来很吸引人，但富兰认为我们应当尊重那些反对者，因为他们会看到我们错过的信息，或者对变革持有非常有帮助性的理由。可以采取向教师、家长、学生以及其他利益相关者咨询的策略来提高他们对决策制定过程的参与度，这也会强化他们对变革的责任。

案例学习：获得支持

A 学校在管理学生行为的过程当中遇到了一些难题。校长收到了几封家长的抱怨信件，就连一些教师与后勤人员也表示担忧。校长决定组建一支校内外的合作团队，任何希望解决问题的人员都可以加入其中。校长也邀请写信的家长加入这个团队，他认为与其让家长们一直抱怨问题，倒不如让他们参与到这个过程当中。校长还要求学生会的学生、后勤人员以及授课教师加入其中。校长回忆称，第一次会议真的特别艰难，每个人都想发泄一番，谈论学生的哪些行为是错误的。然而，当团队开始接触一些事实的时候，会议又变得非常有成效。教师被安排去搜集如下数据：

- 哪些学生搞破坏；
- 他们呈现出来的破坏行为；
- 什么时候出现的破坏行为，以及接受了哪些处罚。

通过分析学生的行为数据，团队获得了认识问题的新视角。他们发现大多数的破坏行为发生在午餐时间，或者由于午餐时间未能解决好出现的问题，而又延续至下午的课堂当中。团队决定观察一下在午餐时间，学生们在操场上到底在做什么，并与食堂工作人员进行了交流。他们也征求学生会的意见，询问学生代表希望学校操场能有哪些改进。

通过让校内外人士皆参与到这个过程当中，校长发觉他现在已经有了解决这个问题的支持与承诺。

创建一个与变革相关的愿景

在建立可持续变革的基础的时候，我强调过找出强有力的理由以及获得实施变革人员的支持的重要性。还有一点很重要，那就是在实施可持续的解决办法之前，达成对未来的共同的愿景。马丁·路德·金的演讲并不以一个计划开头，他说："我有一个梦想。"

伊根（2010）建议在对选项开展实施过程以及获得保证之前，针对未来，需要提供一系列选择的可能性。在这个过程中，最好尽最大努力发挥创造性，想一想外面的世界，立足于全局。

- 你希望学校在三年的时间里会发生什么变革？
- 到时候学校会如何？

活动 6（改编自 TDA/NSCL 的学校改进计划框架）

本活动旨在帮助生成关于美好未来的观点。

最好邀请学校内不同部门的教师来共同参与本活动。

让成员思考一下未来三年他们希望学校发展成什么样子：

- 大家会想什么？
- 大家会有什么感觉？
- 大家会说什么？
- 大家会做什么？

让成员将答案写在各自题目下面的挂图上：

想到？

感觉到？

说？

做？

还有一个与建立未来愿景有关的活动可以选择，即让许多利益相关人为美好未来画一幅画。与其使用文字，倒不如通过绘画来开发右脑活动，这还会鼓励教师发挥创造力和想象力。

案例学习：创建愿景

B 学校希望通过检查并更新学校愿景来表达整个学校团体的观点。之前的愿景还是五年前由校长与教师以及行政主管共同磋商而制定的。校长迫切希望能够邀请到学生、家长以及更广泛的学校团体加入到愿景制订计划当中。校长利用各种机会，比如家长晚会、学校理事会会议、行政主管会议以及教师大会等等来征求每一组利益相关人的意见。每一组人员均要求从自身角度出发回答他们希望学校三年后会变成什么样子。比如：

- 学生们会想到/感觉到/说/做些什么？
- 家长们会想到/感觉到/说/做些什么？
- 教师们会想到/感觉到/说/做些什么？

在所有意见被收集之后，由一支来自不同部门的利益相关人组成的团队来审核、精炼这些观点，最终生成一个可行的未来的愿景。在生成愿景的过程当中，团队会考虑以下问题：

- 这是否与我们的价值观相一致？
- 这需要做出哪些变化？
- 愿景是否足够清晰？
- 是否具备完成能力？
- 人们在实施愿景的时候是否足够有担当？
- 如何交流这个愿景？

通过搜集多方利益人的观点，学校可以创建一个让所有利益人都赞同的、融合的愿景。

发展可持续的变革

在制订变革计划的时候，需要考虑如下这些因素：

- 找出现实与预期的未来之间的差距；
- 明确所有变革的可能阻力以及如何克服这些阻力；
- 找到能够实现愿景所必需的行动并分配资源，包括时间、金钱以及人力；
- 创造短期的收效；
- 庆祝成功；
- 维系变革的动力；
- 将变革融入学校文化之中。

如果现实与预期的未来之间的差距不大，那么从现有状态进入预期状态的变革就会很小，将会发生的是增量变革。但如果差距很大，则会出现转型变革，这需要在态度、信仰以及行为方面发生实质性的变革。正如之前所讨论的，获得针对变革的支持与投入真的很重要。在变革开端便着手处理潜在的阻力，这会将变革停滞的风险将为最低。

活动7（改编自TDA/NCSL的学校改进计划框架）

本活动旨在帮助校长找出针对变革的潜在阻力以及制定克服阻力或者将

风险降至最小的策略。

最好与不同部门的代表共同完成本活动。

- 在挂图上写下可能影响学校开展预期变革的所有的潜在阻力。
- 接下来,思考有哪些潜在的推动者将支持学校开展预期变革。
- 最后,思考这些推动者将如何帮助克服阻力,并在最后一栏中写下你的想法。

表9.2 阻力与策略

阻力	推动者	克服阻力的策略

是否存在无法克服的阻力并将变革的议程置于危险之中?如果有,你或许需要反思变革议程是否切实可行或者行得通。

创建一个实施方案可以帮助学校:

- 明确实施计划需采取的关键行动;
- 强调实施方案不同方面的负责人;
- 明确并分配资源,如财政、人力、培训等等;
- 明确短期与长期目标;
- 依据方案监控并评估过程。

在实施方案的过程中,一定要注意成员对于变革的情感回应。图9.2的情感曲线表明在过程刚开始的阶段,教师会很兴奋、很期待;但如果未来比较模糊、看不清,教师们则会很沮丧、很失望。正如富兰(2001:31)所说:

一方面,变革不仅发展迅速,包含了非线性特征,另一方面,变革同样带来创造性突破的巨大潜能。这个自相矛盾的观点实则是因为变革的过程中肯定伴随着混乱情况的出现。

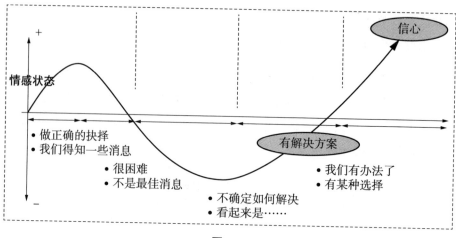

图 9.2

文化变革是一个复杂又混乱的过程，既没有简单的答案，也没有一个万全之策的模式。就其背景、文化以及变革能力等方面进行考虑，每个学校都是一个独特的个体。许多变革提议失败的原因在于仅仅由于变革过程很苦很难，就让领导者萌发了放弃的念头，转向下一个提议！然而，恰恰这个时候才最需要强有力的领导力——高度专注于预期结果的领导力，不仅需要接受各种艰难的抉择，还要不惜一切代价努力达成目标。

庆祝成功并且不断检查计划都有助于维持变革的动力与焦点。开展实质性的变革不仅需要时间、承诺、付出，更重要的是领导力！

变革的领导力

富兰（2011）认为那些变革效率高的领导通常都以道德目标感为驱动力，因为他们希望真正对学生的生活做出改变。他们切实关注于提高并保持学生的成绩与表现，而且不仅仅关注自己学校内的情况，也关注当地甚至更广阔区域的情况。

关注群众与人际关系的领导力十分重要。有效变革的领导者会与不同人群建立往来关系。柯林斯（2011）建议高效的领导"管理的是问题，而非答案；重视对话与辩论，而非高压政策"。他们已经认识到倾听那些持不同观点的人的想法很重要。富兰（2001）认为当人们情绪激动的时候，高效的领导就需要在与那些反对变革的员工打交道的时候显示出高水平的情商。他们明白情绪反应其实是变革过程中很常见的问题。

高效的变革领导者创建一种对学习有传导力的文化，鼓励并支持教师相互学习促进变革。开展一些支持个人与合作学习的正式与非正式并存的结构，比如指导与辅导、同行支援、向同事或者通过专业学习社团来学习，以及其他类似的网络活动。领导鼓励教师尝试冒险，并从错误中学习。倘若不允许教师冒险，恐怕他们就不会改变自己的行为。学习被认为是学校变革获得成功与发展的最重要因素。

高效的变革领导者为成功的变革制造条件：

- 为防止变革提议超负荷，领导者会按照对学习与成绩的影响力对所有提议进行优先排序。
- 领导者会明智地利用数据并将其变为关于变革强有力的理由，并从那些受到变革影响的群体中寻求支持与承诺。
- 领导者会让学校内不同职位的教师介入变革的领导之中。由于教师参与了决策制定过程，而非接受命令完成任务，他们成为变革的内部支援。
- 领导者会在变革过程中全程与教师有效交流，这样教师就会了解变革的理由、会变成什么样子以及如何完成变革。
- 领导者明白转型变革需要时间，因此不能急于求成。
- 领导者通过确认、庆贺成功来激励教师获得优异结果。他们做到了！

结语

领导与管理变革是一个复杂过程。变革模式将为学校的变革提供一个指导框架，不过，最后变革成功与否的关键在于人！可持续变革的关键在于那些会受到变革影响的人会"支持"变革。领导需要找到变革的强有力的理由并让持不同观点的人参与到领导变革的过程中。还有一点很重要：创建一个共同的愿景，并与教师、学生、家长以及所有利益相关人交流这个愿景。制订并实施变革计划会将所有有助于提高学生成绩与表现的观点转化为实际行动。变革过程的各个阶段都需要有强大的领导力来持续关注焦点和保持正确的方向，激励并授权给教师以获取优异的成果。

> **进一步思考问题：**
>
> - 你的学校最近如何明确变革需求？
> - 为了防止提议超负荷，未来你需要做出哪些改变？
> - 与那些反对变革的人接触让你学到了什么？
> - 在获取同事、学生以及利益相关人支持的过程中，遇到了哪些主要的挑战？如何解决？
> - 教师、学生、家长以及其他利益相关人对愿景的理解是否清楚？你是如何知晓的？
> - 在设定融合的愿景的时候，你的主要的学习点是什么？
> - 下一次创建变革愿景的时候，需要做出哪些改变？

资源与拓展阅读

Educational Origami (2010) Managing Complex Change [Online]. Available at: http://edorigami.wikispaces.com/Managing+Complex+Change

Training and Development Agency for Schools (TDA) and National College for School Leaders (NCSL) (2010) School Improvement Planning Framework [Online]. Available at: www.tda.gov.uk/local-authority/school-improvement/planning-framework.aspx

参考书目

Beckhard, R. and Harris, R. (1987) Organizational Transitions: Understanding Complex Change. Harlow: Pearson, Addison-Wesley Series.

Collins, J. (2001) From Good to Great. London: Random House.

Egan, G. (2010) *The Skilled Helper*, 9th edition. Monterey, CA: Brooks/Cole Cengage Learning.

Fullan, M. (2001) *Leading in a Culture of Change*. San Francisco, CA: Jossey-Bass.

Kotter, J. (2002) *Leading Change*. USA: Harvard Business School Press: Boston.

Thousand, J. S. and Villa, R. A. (2001) *Managing Complex Change*.

10

全纳环境下的领导与管理

露易丝·伊思哈妮、埃尔韦拉·格列高利与卡拉·马丁

教师与校长面临的难题之一就是如何领导与管理全纳环境。本章将关注以英国教育为背景的经验案例,学习有关全纳的一系列定义,并探讨以全纳方式来领导与管理学校的过程中会遇到的各类复杂问题。因此,本章会描述由实践者、评论员以及决策者提出的那些好的教学管理实践中的诸多要素。

本章使用的案例分析来自不同学校,这可以说明对于不同背景的领导与管理者,全纳意味着什么、他们对于全纳所持的信念,以及他们如何利用这些理念来制定政策与行动,以便可以为学生、家长、员工以及社会创造一个更好的全纳环境。

总之,本章会探讨在全纳环境下学校领导制定系统性、全校性发展的实践活动的过程中将涉及的主要任务。

全纳的定义

在讨论全纳环境下领导与管理的时候,一定要先了解什么是全纳。但是,目前却没有关于全纳的一个统一的定义,不过可以列举很多关于全纳性环境的不同解释。

布思与安斯科(2000)提出的六类全纳的相关解释值得我们借鉴学习。

表 10.1　如何定义全纳?

1. 与残疾学生等相关的全纳可被归为"有特殊教育需求"。	在主流学校,这首先与教育残疾学生或者类似的被划分为"需要特殊教育"的学生相关
2. 针对违反纪律的学生的全纳。	以"不良行为"的学生为主
3. 对所有弱势人群的全纳	针对所有弱势群体,并克服歧视与劣势
4. 全校发展的全纳	针对所有普通学校或者综合性学校的发展,以及校内教学与学习方法的建构
5. "全民教育"的全纳	于20世纪90年代根据一系列国际政策协调而创建的、融入世界范围的教育
6. 教育和社会的原则性方法的全纳	这是以价值观为驱动的方法,全纳发展需要实践者明确提出价值观,这是行为、实践与政策的基础,以及学习如何更好地将行动与全纳价值观紧密联系

多少年来,大多数关于全纳的讨论都是围绕着残疾学生教育或者学校系统认为的具有特殊教育需求的学生,以及针对特殊需求的特殊方法。

全纳的定义会受到以下几方面限制:(1)只关注到问题学生,但对那些能够影响学习与成绩的环境背景并没有足够的重视;(2)无法反映出其他在接受教育的过程中遇到障碍的学生或者受到社会排斥的学生的需求。

由布思与安斯科(2000)提出的第三类定义则关注了弱势群体,并且从更广泛的视角解释了全纳,这为政府最近推行的一系列针对校内特殊群体学生成绩不良的提议提供了基础,比如英国黑人学生成绩项目国家策略。对全纳观点的转变源于1978年发布的《沃尔诺克报告》以及后来1981年的《教育法》。这些为如何解释何为学校全纳实践带来了根本性的转变,并且更加关注普通教育框架,而这一切最终促成1992年《国家课程》的颁发,并以培养不同能力水平的学生的独立性与兴趣为最终目标。关注弱势群体的重要性在于,不仅强调学校需要了解学生学习与实践的障碍,还要求学校在考虑到学生多样性的同时进一步帮助学生学习与实践(布思与安斯科,2000)。

最近,英国的政策制定者又提出了一个更宽泛的概念:额外教育需求

（additional educational needs，AEN），这个概念既包括了特殊教育需要学生，也包括来自不同社会环境与背景的学生，比如吉普赛学生或者英语非母语的学生。额外援助需求（Additional Support Needs，ASN）是另外一个行得通、涵盖范围更广的项目。额外援助需求适用于各种孩子和年轻人，不管他们是出于社会、情感、认知、语言、残疾或是家庭与看护情况等原因，只要遇到了学习障碍，需要一段时间的额外援助，那就可以申请额外援助需求来帮助他们完成学业。

从关注特殊教育需求转变为关注额外教育需求以及额外援助需求的过程，按照佛罗莱恩与布莱克·霍金斯（2010）的教育学理念为基础来描述，即关注如何"将课堂上能够学习的知识拓展为可以满足不同学习者需求的途径……让所有学生都可以获得'充足'的学习机会，这样每一位学习者都能够参与到课堂学习之中"。

安斯科提出的第六类全纳是以价值观为主导的定义。根据这个定义，全纳的发展首先需要实践者对支撑行动、实践与政策的价值观做出明确表述，其次，需要学习如何将行动与全纳的价值观更紧密地结合在一起（安斯科等，2006）。这个定义的出发点在于价值观是所有行动与行动计划、校内所有实践活动以及影响实践的所有政策的基石。这一出发点与迈克尔·富兰的道德目标（2001）相关联，并以安斯科等人（2006）的信念为基础，即只有事先理解支撑行动的价值观之后，才能在教育领域里做好正确的事情。

对全纳的理解最终会影响到对全纳性环境的理解。对全校范围内全纳的理解达成共识，将会是推动建设学校全纳性环境的基础。

教师与学校领导也会"很自然地"关注课堂教学的全纳性，但笔者希望以上这些对全纳的简要定义会让教师与领导们从更广泛的角度去认识到，我们需要关注的不仅是一个孩子在学校内的教育过程，更要考虑到校外，比如家庭里的教育经历。

全纳教育的领导与管理

本章关注的学习案例皆与广义的全纳定义相关，即涉及额外教育需求的学生，并且明确好的实践途径。

英国国立大学最近开展了一项学习研究,即学校教师与校领导都参与一个名为"全体学生成就"的国家策略试点项目,该项目关注如何提高特殊教育需求或者残疾学生的成绩。通过这一实践,学校明确了与特殊教育需求或者残疾学生相关的有效领导与管理的四个主要特征,这四个特征也可以被更加广泛地运用于全纳教育的管理当中:

- 一个共同的愿景——全体教职员工共享一套核心价值观与信仰,即所有孩子与年轻人皆有权利获得提升学习的机会;
- 承诺——全校范围内建立一种成就氛围与文化,下定决心为弱势孩子与年轻人提供最优条件,并且为教职员工提供有效的可持续专业发展的机会;
- 合作——与家长、孩子、年轻人以及其他校内外的人员,包括其他学校,实施并分享最佳教育教学实践;
- 交流——与孩子、年轻人、家长、员工、其他学校以及其他机构交流,也鼓励以上人员相互交流。(班尼特,2010)

本章接下来将探讨以下几所学校是如何开展全纳领导与管理的。

学校案例学习

约翰·邓恩小学

约翰·邓恩小学位于伦敦的佩卡姆(南华克区),该校的联合校长为伊芙琳·霍尔兹沃斯与尼克·蒂尔迪斯利。学校坚持以价值观为主导,全面开展全纳环境下的领导与管理。

约翰·邓恩小学位于佩卡姆的中心地带,这是一个伦敦南部有活力的、让人激动的并且多文化共存的地区。我于2011年春季拜访了这所社区小学,并针对全纳环境中创新、领导与管理的问题与几位校领导进行了交流。

我想了解的第一件事就是校长如何依据学校背景来定义全纳:

我们定义的全纳环境就是每一个人都可以为学校做出自己的贡献,"每一个人"指的是所有的利益相关者。我们认为学校就像是社会的催化剂。我们的中心观点就是要坚信只有在员工认为自己被重视的前提下，他们才会做到更好，并且每个人都应享有冒险、勇敢、试验以及成长的公平机会。这对于我们这样一所许多家长自身的教育经历也十分困难的学校来说尤为重要。全纳对于我们来说不仅仅针对特殊教育需求，我们相信每个人都有值得分享的天赋、技能与文化，每个人都可以为社会做出自己的贡献，因此，全纳之于我们就是如何推动人们分享、走向成功。

我们相信全纳并不仅仅是一系列的活动，它更类似于一种生活方式。当提及全纳的时候，我们喜欢用家庭来打比方。我们学校的全纳就是，在这里不会出现社会中那些无法调解的糟糕事情。

联合校长：伊芙琳·霍尔兹沃斯与尼克·蒂尔迪斯利

通过与两位校长的交流，可以确定一个问题：谈及全纳领导力与创造全纳学校的时候，校长们认为最重要的任务就是要有一个明确的、支撑学校精神与文化的核心价值观。这些价值观受到学校以及学校所在社会环境的影响。价值观不仅影响着活动的选择，还会影响到学校组织与领导的方式。

我们请求学校提供一些可以说明价值观影响到学校实践的案例：

1. 分配领导力。 学校实施联合校长管理的模式就可以有力地说明学校对领导力进行分配的承诺。学校采用联合校长制自然而然地促进了领导力的分享，并且有助于展开校长们关于未来学校发展变化的真诚交流。联合校长推出了一个"扁平化"领导结构，这样，策略团队可以无拘无束地交流信息、挑战，或者提供支持。校长们还讲述了他们如何努力建立一个可以让负责人在一定程度上自主决策的组织结构，同时为教师提供足够的空间发展。学校划分不同的阶段性负责人来关注学校数据以及提升任务的优先顺序。这些阶段性负责人根据优先顺序来创建行动研究项目，这样可以分析问题并制定下一个项目。学校认为他们已经创建了一个可持续的领导结构模式，这样，即便有时候两位校长都不在场，学校也可以高效率运转。

2. 较高的期望。 约翰·邓恩学校的两位校长都十分清楚，仅靠口头谈论价值观远远不够，全纳就意味着成功："你所在的团队需求越高，就越需要你去激发他们。"

全纳也涉及学生的成绩与他们的家庭。在今年举行的一次学校领导层座谈会上，一位家长代表谈及自己的女儿希望成为一名医生，他们一起去参观过很多大学。家长称，在很多场合，她都是在场的唯一的一位黑人家长。当她告诉其他家长自己来自佩卡姆的时候，她能够感受到其他家长都在窃笑。很显然，极少有人想到在佩卡姆长大的学生以后会当一名医生。校领导们认为他们应当根据这类情况做出某种改变，他们计划提升约翰·邓恩学校里的学生与家长的期望值。最后，学校组织六年级的学生和家长共同参观了剑桥大学。

3. **课程规划**。学校在课程规划的结构内设置了导入价值观的环节。这些价值观会影响着课程内容。学校引入了小学教育读写中心（the Centre for Literacy Primary Education, CLPE）的"阅读的力量"这一项目，让学生参与"挑战性阅读"，即阅读涉及各种主要问题与主题的系列书籍。每个班级会在每半个学期内围绕一本书来阅读。

全纳性课程的另一部分意味着开设每周一次的"儿童哲学"课程。这门课程从关键阶段1开始，学生阅读与价值观有关的课文并展开课堂讨论，这样有助于学生早早理解每个人都有权发表意见的这一价值观。

学校认为音乐和唱歌也是创建全纳环境的重要部分。学校聘用音乐专业人士来为全校学生指导声乐，并为教师提供培训。学校的学生合唱团只有经过了面试才可以加入：

成为合唱团的成员会让学生觉得有面子。学校不仅为学生提供参加额外歌唱课的机会，鼓励学生参加乐器课，并提供参加乐器等级测试的机会。这些等级测试可以帮助学生申请中学的音乐奖学金。（尼克）

4. **实体空间的利用**。学校最近重新装修了待客区，为到访的家长与访客提供一个更宽敞、更开放的空间。学校认为这样可以让到访者感到自己受到学校的欢迎，这也是全纳环境的一个重要部分："学校欢迎家长的到访可以表明学校的精神或氛围。让家长感觉不受欢迎的原因有时候不只与学校教师的互动相关，可能与实体空间也有关系。"（伊芙琳）

5. **与家长和社区的约定**。"如果人们感到自己被重视，那么他们的工作效率会更高。我们将学校视为社会的活性催化剂。我们花费了大量时间向家

长明确描述学校的发展目标,家长们很高兴我们花时间与他们交流,而且还是讨论关于学校改进的问题。"(尼克)

校长们向我讲述了学校当时是如何花时间去了解社区及其需求,又是如何和当地机构合作共同组织各类活动来满足这些需求。

学校每周都会举行与家长交流的咖啡会议,也会满足个别家长的特殊需求。校长们还向我讲述他们最近帮助一位患了癫痫病而无法写字的家长的故事。学校帮助她报名学习一门课程并取得了该课程的结课证书,这让这位家长很自豪。

我们通过不同的调查问卷来了解家长的想法,在每年的夏季学期,我们还会与当地机构合作为家长们安排一个为期两天的研讨会。当地的信用社、警局、健康组织等都会参与学校的研讨会。家长们的反馈显示,他们很喜欢这样的研讨会,因此,虽然是在这样一个社会人口流动性很大的地区,但校内学生的流动性却大大降低了。(伊芙琳)

6. **重视社区文化**。学校重视当地社区文化的丰富性,并且每隔两年会举办一次当地的嘉年华活动,这也是一种涉及当地家庭与社区文化的全纳性的战略方式:"食物真的是全球通用语言——每个人都希望分享让自己骄傲的事情,他们希望展示自己的文化、食物以及着装等。"(尼克)

7. **员工幸福感**。我对一个问题很感兴趣,那就是学校如何得知教师认为学校已将自己纳入学校的一部分。

学校将领导团队进行划分,即在不同阶段,由各个阶段负责人带领三至四名教师与职员开展工作。而我们两位校长会定期与这些领导人开会,检查工作进展情况。教师是否认为自己成为学校的一分子?这取决于教师自身对全纳的理解。学校还成立了教师幸福感委员会。委员会最近修订了教师手册,并组织开展关于工作方式的大讨论。委员会还负责安排教师参与各类社会活动。委员会也欢迎全体教职员的加入。(尼克)

8. **员工发展**。"在全纳的环境里,我们希望看到孩子与成人的交往互动过程是在一种互相尊敬的氛围下进行的——但从广义角度看,这并不常见。但是在学校中这是员工不断学习的内容,因为这也是全纳环境的重要部分。

9. 对于表现欠佳学生的针对性干预。我询问校长们学校里是否存在表现欠佳的学生以及学校是否采取某种特定方法在全纳环境中解决这些学生的问题。

学校数据显示，早期教育阶段表现欠佳的学生主要是英国白人男孩。关键阶段1则是加勒比黑人男孩。但在关键阶段2结束之前，这两组学生的表现都会有所提升。为此，学校安排一位学习导师和家长援助顾问，他们定期开展小组工作，与这些学生交流学习动机和学习方法，并为每一名学生设置本周应当完成的目标。每一周，教师都会向校长们汇报学生所取得的进步，以及在努力实现目标的过程中所积累的成就感。（尼克）

结语

尼克与伊芙琳相信，学校的文化与精神是建设全纳性领导环境的关键。他们坚信，学校领导只关注行动方案是远远不够的，学校领导首先需要明确说明自己的价值观以及学校自身的特殊背景，这样才有助于选择正确的行动方案。他们相信成功的关键就是学校勇于提供最高质量的行动方案来帮助学生和家长取得好成绩。他们相信关键在于让足够多的人为了这些相同的价值观而奋斗。

汉普斯特德中学

希瑟·多芬是伦敦的汉普斯特德中学的副校长。学校的目标就是通过关注积极倾听策略的教学方法来提高学生的行为与学习成绩。

背景

汉普斯特德中学已经找到了让教师沮丧，同时也是影响学生课堂表现与学习成绩的原因——倾听能力差。他们成功争取到了一个参与名为"耳朵，听！"的项目的机会，学校的教师将与项目指派过来的演讲专家和语言专家共同调整学校目前使用的倾听能力策略。这个项目其实是"全体学生成就"（Achievement for All，AfA）项目的一部分，这个全国性的战略项目目前正在进行试点。学校使用这个项目的重点对象为7年级与8年级学生，希望通过该项目达成以下主要目标：

1. 将倾听与沟通技能的积极文化列入学校日常运转的一部分。

2. 在授课过程中提高沟通与倾听技能。

3. 授权教师采用适当方式帮助倾听与沟通有困难的学生,包括倾听以及演说障碍的学生。

4. 验证通过提高倾听与沟通技能进而提高行为与学业成绩这一理论是否成立。

5. 鼓励教学方法的连贯使用,持续使用某种特定方法来提高倾听能力。

已经做了哪些?如何做的?

"全体学生成就"项目的工作人员与"耳朵,听!"项目的演讲和语言专家共同制定了针对倾听技能的测查标准以及教师可以用来提高倾听水平的策略。届时,他们会观摩课堂,所有结果将作为整体学校规划的一部分呈报高级领导团队与教师,以及政府官员。

测查之后,工作人员会为学校制定一份行动方案,并推出一个名为"听不到—不想听"的教师活动。这些活动会为教师提供如何适当地帮助倾听与沟通存在障碍的学生的培训活动,并设计一些结构性较高的教学方法与专门的策略来帮助提高全班的倾听能力。学校教师会组织并共享资源,以便提高倾听技能,这些资源包括视觉辅助策略、"倾听五原则"的海报、关于学生倾听能力的 PPT 演示、主动倾听教案、倾听入门级活动(话题性与非话题性),以及使用诸如倾听辅助字母等管理工具。除此之外,7 年级与 8 年级的所有学生将参加两节由年级组的导师负责的、与以上项目相关的倾听能力课。

汉普斯特德中学实施一个名为"我的表现"的奖励机制,学校决定将积极倾听行为纳入这个机制。只要学生个人或者团体能够表现出他们已经掌握了"倾听五原则"的意识,就可以获得奖励。同时,实行倾听周活动,不仅可以促进学生掌握倾听策略,更能让学生意识到将积极倾听融入正面学习行为就可以获得奖励。倾听周活动从 2010 年 2 月份开始举办,包含与倾听、奖励制度有关的课程和竞赛活动。

汉普斯特德还会为后勤人员做培训,成立 SLCN(演说语言与交流需求)积极倾听小组。小组在 2009 年秋季学期与 2010 年春季学期开展活动,一共有 12 名学生加入小组。每个小组每周会有两次关于帮助积极倾听的集会议。学校目前正通过课堂观摩来掌握这些学生在课堂上的进步表现，并且希望找到其他能够参加小组活动的学生。

汉普斯特德中学认为有一点很重要，即让家长/看护人加入到项目中。所有七年级学生的家长都在2009年9月收到了一封项目介绍信，在随后的家长/看护人指导会上，将项目进行发布，家长们还被邀请参加倾听周的家长研讨会。

影响力与证据

为了考量项目的影响力，学校专门设置了一套详细的监控与检查项目。学校会收集所有来自学生与教师关于项目影响力的反馈意见，同时，学校在演说与语言专家的协助下，开展课堂观摩项目。目前，这个项目特别成功，不断有学生与教师反映学习成绩与学习行为有了显著的提高。

通过倾听周活动，学校发现学生的倾听行为水平有了很大提高，而且学生的学习动机也有了显著提高。仅仅用了一个星期的时间，获得"我的表现"奖励的学生数量较之前翻了四倍，因为学生都希望能够获得倾听良好的奖励，再加上他们已经清楚地了解各项标准，所以他们对如何才能够获得奖励了然于心。

来自家长/看护人对倾听研讨会的反馈意见也特别积极，家长/看护人尤其感谢学校给他们发放了如何与子女交流的手册。学校试图再开展一个以SLCN（演说语言与交流需求）学生的家长/看护人为中心的研讨会。

学到的经验与下一步计划

学校的下一步计划是要明确学校的教学与学习政策。学校坚信，若这个政策能够与教学规则、课程以及奖罚机制建立清晰联系，并且成为学校学习行为的一部分，那学校就会感受到这个政策带来的改变。

项目目前针对教师个人、课程设置部门以及全校各年级组进行培训。最近涉及的人员是数学、人文、戏剧科目的教师以及所有11年级的教师。学校鼓励教师使用"全体学生成就"项目的课程研究模式，并将教师划分为三人小组，展开个人实践，并将这一模式贯彻至终。每一位教师会关注班级里的三名特殊需要学生，并观察他们是否能够通过提高倾听目标的方法来提升倾听技能。

阿克兰·伯利学校

本案例的焦点是伦敦的阿克兰·伯利学校与家长的结构性座谈会，这帮助到了一位有沟通障碍以及出勤率较低的 10 年级学生（校长：乔·阿米蒂奇）。

在阿克兰·伯利学校，家长座谈会对以下学生行之有效：非常孤僻的学生、自尊受挫的学生以及与同伴或者成年人交流有障碍的学生。学校专门挪出"全体学生成就"项目的部分资金用来干预这位 10 年级学生的学习情况。

学校都做过什么以及成效如何：学校于 2009 年 11 月和 2010 年 3 月召开学生家长的座谈会，通过谈话，学校可以搜集到这位学生在写作业与学业方面的情况。有一点很清楚的是，学生家长通过座谈会才发现，他们之前只知道孩子的学业出现了问题，但并没有意识到孩子其实也是很努力的。谈话为这个孩子提供了一个与家长讨论作业情况的平台，并且能突显出孩子需要哪种形式的帮助。谈话同时也让家长有机会陈述他们所关注的重点在哪里。

影响力与证据：通过谈话，学科老师会了解学生与家长关心的问题。这时，教师会联系学生家长，并提供相关课程帮助与信息。教师的帮助会减缓家长的焦虑，并让家长感觉到自己能够更有效地跟进了解孩子的学习情况并帮助他们提高成绩。

在阿克兰·伯利学校，存在出勤困难以及社会交流技能障碍的 10 年级的有特殊教育需求的学生不在少数，而这些问题都会影响学生完成作业的能力。通过开展教学助理或者教师与学生的一对一辅导，在完成作业的过程中，即便学生遇到自己无法解决的难题，他们也可以接受到相应的帮助。学生可以选择他们希望接受哪门课程的辅导，当然，也会适当参考辅导教师、教师与家长的意见。学生会接受每周一次的科学与数学的辅导。由于学生喜欢奖励，学校通过家长座谈会与家长建立起学校奖励与家庭奖励相结合的机制，以激励学生继续进步。

谈话还特别帮助这个学生与家长进行沟通，这在之前是完全不可能的。教师们也通过谈话意识到，这是一个害羞的学生，而不是一个逃避作业或者对成绩不感兴趣的学生。他们将这个情况通知给每一位与这位学生相关的人员，这样，教师们更清楚该如何帮助这个学生。

我希望我在 11 年级会有一个好的开始。数学辅导真的很有帮助。我真的需要辅导。如果其他学年还能够接受到辅导的话，应该效果会更好。我比去年已经取得了很大进步。去年我什么都不会，我很痛苦。但现在我进步很快……在班级的成绩越来越好，这真的让我很骄傲。现在我能够一口气写完五页的英语作业，而之前只能完成一页。（一位受到帮助的学生）

学到的经验与下一步计划

对于 10 年级的学生，交流学生的家庭背景情况在与家长的谈话中是非常重要的内容，这让家长有机会讨论他们认为孩子会遇到哪些难题。这也让家长相信，学校真的关注这些问题，而且也寻求合作机会，将学生的学习问题摆在学校发展的中心位置之上。

卡姆登中学的学习辅导服务

加布里埃尔·托马斯是伦敦的卡姆登中学学习辅导服务的负责教师。本案例特别关注关键阶段 3 学生管理机构（KS3 Pupil Referral Unit, PRU）[①] 的教师的有效领导与管理，并展现如何通过满足教师的需求，进而满足学生们的需求。

学校以马斯洛的需求等级为基础，专门建构了关于教师与学生的不同的需求等级。学校专门研究那些支撑参照机构的有效领导与管理的结构、政策、工作方式和行为。

领导与管理方法的主要原则

- 首先满足教师需求，进而满足学生的需求，这样教师也能够更好地承担教学相关工作。
- 让教师有安全感与自信心，这样他们才能做到开放、有创造力、创新性以及感觉灵敏。
- 为学生与教师建立一个安全的、支持性的环境，是一个持续不断的、发展的过程。

---

① 在美国，PRU 是一个收留、管理辍学孩子的机构。地方教育部门有责任为所有义务教育阶段的孩子提供教育。——译者注

需求等级——生理与安全需求

表 10.2　生理与安全需求

学生	教师
● 食物 ● 干净的环境 ● 清楚的界限、期望与结果 ● 连贯性 ● 稳定、可预期的人际关系 ● 优秀的教学 ● 目标设定 ● 积分制度 ● 分组 ● 修复性语言	● 健康、安全的流程 ● 政策与流程 ● 任务简介/任务报告 ● 风险评估与管理 ● 严格的绩效管理 ● 培训 ● 持续的专业发展 ● 严格的招聘、筛选与导入 ● 修复性语言

针对 PRU

修复性的方法

这种预防冲突与管理冲突的嵌入式方法体现在以下方面：修复性语言的使用、课堂内与整体的循环时间的使用、班级的一致意见、课堂社会目标以及用来解决冲突事件的会议等。

每日任务简介与任务报告会议

这些信息交流会议为教师提供讨论学生、提出问题并寻求建议与指导的机会。一个结构清晰、目的明确，以解决方案为中心的方法是会议的关注焦点，并防止会议成为一个"推卸责任"的场合。

积分制度

每堂课都采用积分制度，以便记录不同水平的介入程度、行为、参与及努力的情况，这会帮助教师追踪学生的进步情况，并实施适当的干预行为与奖励机制。

需求等级——爱与归属感

表 10.3　爱与归属感

学生	教师
● 人际关系 ● 活动 ● 旅途 ● 单独、个性化、定制的课程 ● 一对一的教学机会 ● 辅导 ● 会议回顾 ● 与家长／看护人的交流、互动 ● 社区活动 ● 集会 ● 班级的一致意见 ● 修复性实践 ● 展示 ● 报告 ● 利用当地资源参加社区活动	● 工作方式与基本原理的透明 ● 合作 ● 个人角色与责任 ● 个性化培训 ● 常规员工咨询会议 ● 每日任务简报／任务报告 ● 培训 ● 持续的专业发展 ● 个人辅导 ● 共同的所有权、愿景、承诺、激情、态度 ● 修复性实践 ● 共享幽默！ ● 社会活动

针对 PRU

教师咨询会

由临床心理学专业人士主持的咨询会为全体教师提供了一个共同讨论所面对的问题、两难处境、成功及经验的机会。这个开放式常规论坛旨在分享观点、优化评估活动、调整干预学生的行为，以及为教师提供帮助。

需求等级——尊重

表 10.4　尊重

学生	教师
● 每周集会，奖励与认可 ● 表扬 ● 成功转变	● 新发展 ● 新机遇 ● 创造力 ● 监控反馈意见与评估意见 ● 目前——新的实践框架

针对 PRU

新的实践框架

这是一份能够将支撑 PRU 活动的各种理论与实践相结合的"实时性"的文件。这个框架的工作原理包含了心理学、神经病学以及行为学的研究方法。这些方法结合了依恋理论中可借鉴的观点,设置了针对个人或者组群学生的干涉与行为管理策略。全校教师每学期都会检查并更新这个框架,该框架也成为帮助教师了解并满足特殊学生需求的重要指导文件。框架对现任教师、新任教师以及所有教职工开放。

需求等级——自我实现

表 10.5　自我实现需求

学生	教师
● 激发潜能 ● 回归主流学校 ● 去适当的教育机构 ● 持续接受教育	● 来自学生、家长/看护人、已毕业学生、同行与同事的反馈 ● 发展 ● 创造力 ● 提升 ● 培训他人 ● 开展全国性的研讨会与演讲

保罗·格林哈尔希(1994)在研究情感的成长与学习的时候,曾提出学校里的成年人如何在帮助学生度过"焦虑与不安的情感"的时候起到关键性作用。他提出"情感把握"概念,这也正是卡姆登 PRU 负责教师加布里埃尔·托马斯采用的方案。对于 PRU 来说,为学生与教师创建一个安全、有把握的环境,这是一个不间断的过程。只有首先满足了教师的需求,他们才能更好地承担自己对于学生的责任。让教师们感到更加安全、自信,他们才可以更加开放、有创造力、有创新性以及敏感性,这也正是我们认为可以让整个学校获益的全纳性领导力途径。

案例学习——结语

这些案例明确突显了涵盖学校各方面的全纳性。如果能够实施得很好,它将成为学校整体价值观、精神、文化以及最终学业成绩与高效性的核心。

了解背景

受到所在环境、地区以及形势的影响，每个学校的全纳也不相同。因此，对学校领导来说，能够做到对背景的认知就变得尤为重要，这会帮助他们更好地满足所有学生的需求。

要充分了解背景，包括学生的特殊经历、学生及家长能够为社区带来的资源、利益，或者他们即将面对或已经经历的困难等，这些与教师能力的培养一样重要，并可以证明学校具备创建关于学校发展、成功的愿景与环境的能力。

结语

作为学校领导，必须澄清自己对全纳的理解，并了解全纳如何能够转变每个人的教育经历，时刻准备着找到并评估每个活动对于全校和所有利益相关人的影响。

昆茨在《从属需求：重新探究马斯洛的需求等级》(*The Need to Belong: Rediscovering Maslow's Hierarchy of Needs,* 1992)一书中称，重视人类社区的多样性将成为全纳教育的基本原则。他还强调如果我们希望给所有孩子提供真实的归属感，那么"超越传统的培养有价值的社会成员的方式"就显得尤为重要。昆茨的中心观点就是提醒教育工作者摒弃之前那种为了让孩子们以传统的方式达成学校教育系统的期待，从而让每一个孩子"正常化"的念头。本章涉及的数个案例皆可证明归属感对于成功地、有效地开展教师工作和提升学生成绩的重要性，而这些在传统的意义上，都不符合"标准"。

进一步思考问题

- 你的学校的全纳性体现在哪些方面？
- 从上述案例中可以学到什么？
- 你需要为了提升学校的全纳教育而做出什么？

资源与拓展阅读

- Camden Award for Inclusion, Camden LA, London. Camden Award for Inclusion is a self-evaluation framework through which schools – primary, secondary, special and PRUs – assess the impact of their provision for pupils with Additional Educational Needs. Schools provide evidence and judgements for 28 'Quality Statements' in preparation for a one-day validation visit undertaken by a team of local authority inclusion consultants. The central aim of the process is to support school leaders in embedding sustainable practice. For further details, contact Neil Smith (neil.smith@camden.gov.uk).
- Inclusive Schools: Doorway booklet – inclusion and participation – provides top tips for inclusion and participation in sustainable schools.
- The National Strategies Four Quadrants Model – this model sets out the key actions leaders need to take to ensure effective leadership and management to narrow gaps in attainment and achievement between groups of pupils: FSM, G&T, SEN, Black and minority ethnic, gender.
- 'Pillars of Inclusion' Inclusive teaching and learning for pupils with SEN and/or disabilities – TDA Provides a useful checklist and evaluation tool for leaders seeking to ensure effective planning and teaching for pupils with SEN/disabilities.
- Inclusion Quality Mark – An award for inclusion established in the UK in October 2004 with the objective of supporting both state and independent schools to become truly inclusive.
- Brooks, G. (2007) *What Works Well for Children with Literacy Difficulties*. London: DfES – this is a DfES review of early intervention schemes that have been devised to help struggling readers and writers. It asks which schemes are used with children in Years 1 to 6 in the UK; what the schemes are like; and how effective each one is. Most of the schemes relate to the NLS 'third wave', that is, specifically targeted intervention for pupils identified as requiring SEN support.
- CLPE (The Centre for Literacy in Primary Education) (2012–2013). The Power of Reading Project. Available at: www.clpe.co.uk/research/power-of-reading
- DCSF (2008) *The Extra Mile: How Schools Succeed in Raising Aspirations in Deprived Communities*. Ref. no.: DCSF-00447-2008. London: DCSF.

- Department for Education (DfE) Narrowing the Gaps: Leadership for Impact. Available at: http://nationalstrategies.standards.dcsf.gov.uk/node/253660.
- Department for Education (DfE) Narrowing the Gaps: from Data Analysis to Impact: the Golden Thread. Available at: http://nationalstrategies.standards.dcsf.gov. uk/node/246991.
- Department for Education (DfE) Narrowing the Gaps: from Data Analysis to Impact: a Practical Guide. Available at: http://nationalstrategies.standards.dcsf.gov. uk/node/246822.
- Department for Education (DfE) Narrowing the Gaps: Resources to Support the Achievement of Black and Minority Ethnic, Disadvantaged and Gifted and Talented Pupils. Available at: http://nationalstrategies.standards.dcsf.gov.uk/node/ 227331?uc=force_uj
- Department for Education (DfE) A Strategy for Narrowing the Gaps. Available at: http://nationalstrategies.standards.dcsf.gov.uk/node/228340
- Department for Education (DfE) Gender and Achievement: Introduction and Key Issues. Available at: http://nationalstrategies.standards.dcsf.gov.uk/node/46134
- Department for Education (DfE) Ensuring the Attainment of Black Pupils. Available at: http://nationalstrategies.standards.dcsf.gov.uk/node/97328
- Dowker, A. (2004) *What Works Well for Children with Mathematical Difficulties: The Effectiveness of Interventions Schemes*. London: DfES. This is a DfES review of early intervention schemes that have been devised to help struggling pupils in maths.

参考书目

Ainscow, M., Dyson, A., Booth, T. and Farrell, P. (2006) *Improving Schools, Developing Inclusion*. London: Routledge.

Bennett, P. (2010) A Special Achievement. *Leader Magazine*, The National College.

Black-Hawkins, K., Florian, L. and Rouse, M. (2007) *Achievement and Inclusion in Schools*. London: Routledge.

Booth, T. and Ainscow, M. (2000) *Index on Inclusion*. Bristol: Centre for Studies on Inclusive Education.

Davis, P. and Florian, L. (2004) *Teaching Strategies and Approaches for Pupils with Special Educational Needs: A Scoping Study*, DfES Research Report RR516. London: DfES.

Florian, L. and Black-Hawkins, K. (2010) Exploring Inclusive Pedagogy, *British Educational Research Journal* 37：5, p.14.

Frederickson, N. and Cline, T. (2009) *Special Educational Needs, Inclusion and Diversity: A Textbook*, 2nd edition (Chapters 3–4). Buckingham: Open University Press.

Fullan, M. (2001) *Leading in a Culture of Change*. San Francisco: Jossey-Bass.

Gibson, M. (2005) *Opportunities and Challenges: Additional Support for Learning (Scotland) Act 2004*. Paper delivered at a conference in Dublin by Mike Gibson, the Head of the Additional Support Needs Division in the Education Department of the Scottish Executive. Available at: www.nda.ie/cntmgmtnew.nsf/0/5D5B7CDA80DF742E802570A4005835E3/$File/ Mike_Gibson_paper.doc [accessed 23 April 2009].

Greenhalgh, P. (1994) *Emotional Growth and Learning*. London: Routledge.

Kunc, N. (1992) The Need to Belong: Rediscovering Maslow's Hierarchy of Needs. In R. A. Villa, J. S. Thousand, W. Stainback and S.Stainback (eds), *Restructuring for Caring and Effective Schools*, pp. 25–39. Baltimore: Brooks.

Lawton, T. and Turnbull, T. (2007) *Inclusive Learning Approaches for Literacy, Language, Numeracy and ICT*. The Sector Skills Council for Lifelong Learning (LLUK).

Maslow, A. (1970) *Motivation and Personality*. New York: Harper & Row.

Rouse, M. (2008) *Developing Inclusive Practice: A Role for Teachers and Teacher Education?* Education in the North, 2008 – University of Aberdeen.

Warnock Report, (1978) The *Special Educational Needs*. London: HMSO.

通过教师主导型研究来促进学校进步

金姆·英斯利

本章将探究行动研究范例中的教师主导型研究的五个重要方面。同时，本章还会讨论什么是行动研究，以及在学校自评的过程中，如何让教师、助教和后勤人员等掌握一些行动研究人员应具备的技能以提高所有学习者的成绩。本章的每一节都会分析行动研究的要素，并且将实践工作者与行动研究人员联系起来。本章将讨论实践工作者的行动研究的案例学习，尤其是课堂上的案例，以及如何进一步推动学校的自评过程。本章还将揭示如何让专业教师与其他教育辅助人员了解到行动研究方法论的重要性，以及对行动研究的理解将以何种形式影响到实践。

什么是行动研究？

行动研究通常又被称为实践工作者研究。虽然行动研究本身有许多重要因素，但其具体的重要性则取决于研究人员、研究问题以及预期的研究结果。行动研究被认为是：

> 在社会环境下，一种简单的、由参与者执行的自我反省式调查，目的是为了提高实践的合理性与公正性、促进参与者对实践的理解以及改善实践所处的环境。（凯尔和凯密斯，1986：162）

不过，这一解释却没有考虑到行动研究通常会为教学实践和学生参与带来的结果。有一点很重要，由于实践工作者是积极的研究员，他们的反思将为变革创造机遇，也会带来新的实践，当这些新的实践被再次用于研究的时候，就会产生更多的变革。列文认为这其实是一个行动研究循环，与其说是一个找到变革需求的反思循环，倒不如说这更像是一个螺旋上升的过程。第一步是要找到出发点，这可能源自一个问题或者一个变革（比如政府关于课程改革的决定），由此引发信息的审核——一个找出事实的过程，随后则是计划阶段。在计划阶段，实践工作者需要开始实行第一个行动，之后则需要对行动进行评估并相应地修改计划。当第二次行动开始执行的时候，循环也随之开始。这可不是回到循环之初，而是实践工作者重新检查计划，这样，新的行为研究就可以引发一系列的行动——计划——评估的循环，直到最后敲定最终决议。

下面这个定义更符合这一观点。索姆可（2006）认为行动研究是：

将行动与研究融合为一系列有弹性、有参与性、全面的循环，而非分散的、单独的阶段：从搜集调查主题的数据开始，分析并诠释这些数据，策划并引入能够带来积极变革的行为策略，通过更多的数据来评估这些变革，分析与解释……如此反复至下一个有弹性的循环，直到最终决策制定下来，循环才算终止，并公布数据结果。（2006：6）

行为研究项目 1

圣·爱德华天主教小学的教师们在每个学期都要求提交课程计划，校长通过查看课程计划来监控学校教与学的进展。大家都认为这是很"常见"的情况，而且跟大多数学校的预期类似，不同的教师需要提交不同层次的计划。一位新入职的教师曾询问校长他是如何得知这些计划是否被实施。人们通常预期教师本学期的计划应当与上一学期的计划有所关联，但该学校的教师却没有严格做到这一点，很显然，校长只了解计划，但对实际操作结果却并不了解。在填写 Ofsted 框架下的《自评表》的时候，校长意识到了这一点。学校高级管理团队设计了一个行动研究项目，针对全校三个不同的年龄组（早期阶段、关键阶段 1 和关键阶段 2），在水平上接近的班级（该小学有两种入校方式）开展策略研究，这一项目不仅反思计划中的行动，还研究通过教学计划所得到的成果。

本次行动研究项目的要素之一是让学校高级管理团队设定出研究的问题以及活动的循环，这会促使团队成员们设计策略（计划）、实施策略（做）并且评估策略（检查）。通过在绩效管理系统中与同事们分享这些信息，这个"计划－做－检查"的新的循环就算生效。同时，学校高级管理团队也是该项目中的"内部"研究员，以确保该计划被顺利实施。

自我评估：不必要之举？

行动研究的方法论所涉及的观察与反思针对的是实践与反馈，以及与实践相关的各种行为。这些在稍后的章节将做仔细讨论，但有一个与教学相关的重要问题是：作为行动研究者，实践工作者同时也需要反思自己的实践和行动。正是这种反思才会让学校高级管理团队进一步了解到他们为什么这么做，会做什么，这就是反思性实践。在反思性实践结束之前，研究者们能否反思自我，这一点极为重要。

活动11.1：我是谁？

在思考自己的位置之前，一定要弄清楚自己要做什么以及为什么要这么做。我们之所以会成为现在的样子，正是由我们生活中的事件所造成——那些"关键事件"（赛克斯等，2001）。关键事件总是发生在变革的过程或者生成决策的过程之中。个人的关键阶段，比如结婚或者离婚、家庭成员的出生或者离世、同伴的工作变动，都极有可能影响到你的生涯规划。赛克斯等人（2001：04）找到了影响教师生涯的三种特殊的关键事件类型：

（1）外在的
（2）内在的
（3）个人的

这三种类型皆会出现在与教育相关的任何行业之中。

画一条直线来代表你生命的时间线，从出生那一年开始，每十年做一个时间段：

现在，添加那些对你产生影响的事件：
- 家庭的，比如搬家，弟弟或妹妹的出生
- 当时社会的，比如新政府建立，某个特定政策，如增加大学数量
- 学校或者大学的，比如保持 A 级成绩，离开家，曾激励过你的教师或者演讲者
- 工作的，比如某个同事，某个全新的机遇

在所有的行动研究的实践过程中，都存在一个重要的问题：研究者（同时也是实践工作者）对行动研究实践的认识与理解都会成为反思性实践的一部分。他们的认知会形成对自我的明确理解，不过对于行动研究者来说，了解如何形成自我也同样重要。这些挑战同样会在后面的章节中详细阐述。但行动研究的最初阶段，即自我反思阶段，将为循环的后续阶段带来益处。

行动研究的另外一个要素，也是能够支持反思性行为的环节，就是研究日志。研究者们可以在日志上记录观察所得、讨论、现场记录、行动的反馈以及对于结果的反思，它为研究者提供了"原始"的数据。这份重要的文件就好比教师的记录簿或者"日记"，这个日志还可以为高级管理团队、管理者、当地政府顾问以及学校校长提供意见与反馈信息，告之目前课堂的进展情况。

行动研究项目 2

一位中学（关键阶段 3 和 4）历史教师最近提出一个研究问题，即鼓励学生了解评估行为结果会带来何种价值。这位教师不断记录学生在每个环节的成绩，并用不同色彩标注出现的问题：红色表示学习受阻；黄色表示取得一点进步；绿色则表示学年结束的时候取得了预期的成绩。她的研究日志上还记录了与学生们就色彩标注成绩的讨论，并且，这位教师还将学生的回复分组排序，这样她发现了学生的回复呈现不同的模式。这些模式有助于教师找到项目的下一个"行动"问题：小组采访。当她的项目结束的时候，所有学生的成绩都有了提高，而且与其他同期的辅导小组相比，这位教师的学生的成绩有着显著提升的差异。她的报告被学校高级管理团队推荐给了各主管部门，并倡导全校教师使用类似策略。

行动研究与教师、教学辅助人员以及后勤人员

由于各地实践与习俗的差异，与教学相关的实践与活动也会有所不同。教学策略可以是一种传输模式，即知识被认为是教育最重要的方面；也可以是一种全方位的交互模式，即教师是学生学业自我管理以及其他方面学习的推动者。

活动 11.2：什么是教学？

找出一张空白纸，在中间写上"教学"二字，通过词语联想方法，在不同的便利贴上写下你能够想到的与教学相关的单词或者词组。

这些都写完之后，重新排列这些单词，将所有类似的单词归为一组，尝试给这个小组起个"名字"。当所有的小组都完成这个活动的时候，就会得到"评估""讲述""促进"与"学习"之类的小组名称。

早在 20 年前，亚历山大（1992）就"实践"这一概念向英国小学教育机构发出挑战。他认为实践通常还要涉及其他四个要素。这个概念不仅包含技能与理解（或者知识），还可以通过对教学的共同理解而展开探讨。不过，当时亚历山大通过突出强调政治性与实用性的因素而定位概念性的考虑，这可以表现为"实践：最小的概念"（亚历山大，1992：190）以及价值和经验等因素。所有这五个要素——概念、实用、政治、价值以及经验——提供了"优秀实践"的模式，这或许也会成为读者理解教学这一概念的要素。

从行动研究的角度看，亚历山大提出的这些问题或许与行动研究者会问到的问题相类似。从他的"经验主义思虑"中就可以看出对这些问题的强调：

我是否真的有证据证明目前我参与的实践可以提高学习成绩？什么样的证据？我的个人经验吗？还是研究结果？我是否准备好了去面对可能会出现相反的证据？我是否准备好了接纳经验性的观点？还是我不管不顾坚持我认为的优秀实践的观点？（1992：186-187）

另外一个受到行动研究结果影响的优秀教学案例就是将评估纳入其中。评估是教学中非常重要的一部分，我们现在可以反思这两类评估：为了学

习的评估或称形成性评估，以及学习评估或称终结性评估（评估改革小组，1999）。无论是哪一种评估，都是教学的重要部分，不过形成性评估或称为了学习的评估更类似于行动研究的反思与教育的要素。然而伯顿等人将行动研究比作教师每年年底会用到的评估过程，或称终结性评估："……行动研究会生成实践的成果（教育式实践）以及实践（研究报告）"（2008：125）。课堂上进行的行动研究项目，比如之前讨论过的项目2，通常也包括评估的要素。

优秀的教师都是反思型的实践工作者（舍恩，1991；波拉德，2008），这一反思与已经讨论过的行动研究方法论以及其他教学或者实践概念的组成部分相匹配。

行动研究方法论

行动研究方法论的一个重要环节就是能做到了解自我并且了解如何形成自我。它将有助于确立实践即将探索的领域、公布研究问题以及研究的"计划"阶段。通过找出研究问题，研究者将可以找到探索问题的方式。目前，可使用的方法论很多，但只有那些反思式的"实践"才会受到行动研究者的青睐。一个优秀的实践者会通过观察、提问与评估来提升教学。虽然有很多为人熟悉的定性研究方法论，但为了获取更优秀的教学与高效研究的方法论，我们还需要制定一个计划内的框架，这样能促使研究者重新反思计划阶段，这就是"检查"。循环当中的"做"的阶段，涉及"计划"衍生出来的行动和（或）"检查"阶段，这也反映了前文介绍过的列文的螺旋理论。

观察是大部分教师都会使用的活动，尤其是在进入了格式化评估过程之后。在研究过程中，如果观察被认为是一种有效的收集数据的方式（许多行动研究者会在参与人员无法到会讨论、填写问卷或者完成采访的时候使用这个方法），那么开发一个观察框架将会保证数据采集方法的精确度。框架要求围绕以下因素设定：时间（观察5分钟，书写5分钟），语言（记录演讲以及非口头的互动），行为（记录参与人实际做了什么，避免使用可以反映出研究者情绪与感情而非行为的情绪化语言）。通过反复观察可以确立研究结果的有效性，尤其是提供了找到结果的可能。也可以通过视频或者照片来帮助收集观察数据。通过分析观察数据可以提出假设、找到可以探索的主题或者找到更佳关注点,这就是从"检查"阶段又螺旋上升至一个新的"计划"阶段。

行动研究项目3

一位幼儿园教师选择通过观察的方式来解决如何让家长帮助自己的孩子学习读书的问题。通常,学校会将家长与孩子共读的书目送到儿童家中,但这似乎并没有很好地让孩子参与进来。在一次交流会上,这位教师(在获得校长与早期阶段协调员的支持后)与家长共同分享了将书分派到家中让家长与孩子共读的理由,并解释了这为何会对孩子有帮助以及如何做的策略等,之后,研究者组织了一个家长—孩子的午后会议,这样,家长来到幼儿园与孩子参加共读活动。通过这个活动,教师可以观察那些参与研究的家长的实践行为。这位教师也参与到亲子共读的活动中,为家长示范如何让孩子更好地融入书中的世界,并为家长找到提高亲子共读效率的办法。

通过半研讨会或者非正式访谈、讨论以及让参与者加入调查小组,是另一种可以搜集到宝贵数据的方法。此外,虽然划出问题或者讨论范围很重要,但更重要的是,研究者不要直接提问这些研究问题,应由研究的参与者来探索这些问题与相关领域。这样的探索有助于找到围绕研究问题的调查结果。在行动研究过程中,小组采访通常是一种有用的方法,这时候,研究者通常也是讨论小组的成员,他会引导成员去讨论需要被研究的行为。在行动研究的过程中,用来提问的定性研究方法通常会聚焦于讨论与行动的调查阶段,或者"做"的阶段,以及"检查",因此,便于找到行动研究螺旋上升过程中的其他行动。

许多行动研究者通过调查问卷来找到参与者的出发点,但在实践中,这种做法却往往不能提供足够有效的信息,因为我们都知道,一份研究调查问卷的生成固然重要,但我们需要探索的是整个研究领域(而非问卷本身)。

自我反思与自我评估的挑战

如本章所述,通过行动研究范例即可了解到认识自我的重要性。对实际工作者来说，主要的挑战其实源于"内部"行动研究者。在讨论自身实践的过程中，研究者为了获得研究的效度与信度，而失去了研究中很重要的客观性。为了保持客观性，螺旋上升过程中的部分反思需要重新被核查，即调查实践工作者在调查过程中做过什么。作为审核背景的要素，传记法目前已被纳入多数研究实践之中，甚至还借鉴了人类学中的民族志学研究方法论。当实践工作者回顾自己成为教师的过程（与活动 11.1 相似），他们就会了解是什么塑造了他们的教师身份，接着会计划来研究如何认识并接受实践工作者的偏好，最后整理数据。内部人员会接触到外部人员无法了解的知识，但这些知识需要被审核、被重新思考一番。

行动研究项目 4

音乐教师莎拉，就职于欧洲的一所国际中学，她很惊奇地发现当初使她成为一名音乐教师的关键事件就是在七岁的时候加入了学校的合唱团。在反思教学的过程中，莎拉发现自己的喜好影响了她为学生选择音乐的类型。考虑到行动研究项目的变革因素，这个事件对于她的研究计划以及所设置的研究问题起到了关键作用。这位教师的第一个行动就是换掉了学生目前正在听的音乐，她从国际课程推荐的范畴里挑选音乐，但随后就意识到她对音乐的偏好能够帮助学生们投入其中。从这一反思中，她采取了一个新的行动，即通过小组讨论与半结构化的采访找到更多可以激发学生兴趣的音乐。这一行动不仅扩大了可听音乐的范围，随着进一步的检查，教师还改变了教学策略，即让学生为其他教师介绍音乐。这一改变最终在年底的听力测试中得到了反馈：学生们不仅成绩有了显著提高，而且能够积极探讨不同种类的音乐问题。

行动研究的另一个要素则是对合作研究者的认知。与研究者共事的其他实践工作者直到最后都可以投身到研究之中。有的学者认为鉴于研究的实质就是调查进展中的实践，所以所有的研究行为都应是合作式的（凯米斯和麦克塔格特，2005）。这种合作行为或许将成为教师们在一起共同研究学习的常规组成部分，因为这不仅对学生有利，更能让教师自己受益。

行动研究项目 5

一位优秀的小学校长，曾经连续三年在 Ofsted 的检查中荣获"卓越"的称号，但最近她开始担心自己想不出更多能够保持这种卓越实践的策略了。校长对新教师很满意，因为他们总能积极投入各种活动与策略并且收获满意的成绩，但原有教师却显得不够主动。是时候来让所有教师（包括助教和后勤人员）接受一定教育了。校长安排每个学期中，每三个星期全员参加五次培训会议，全校教师共同找出行动研究项目。有的教师加入教学组，例如早期阶段的教师设计了一个家长会议项目；关键阶段2的教师针对高年级学生（9至11岁的孩子）设计了提高数学教学的项目。后勤人员则同校长一起研究操场活动项目。有的教师两人一组，例如行政/办公室职员针对不请假缺勤的问题，设计了一个家长签名的计划；教师与助教一起研究如何提高6岁孩子创作故事的策略。另有四人自选题目作为硕士研究项目。所有项目都被记录下来，多人小组、二人小组以及个人均向管理部门以文字或口头形式汇报最后成绩。

合作研究者评估自己研究的要素意味着这会变成自我评估。这个"检查"阶段对于行动研究的发展很重要，原因在于没有这些循环，列文的发展螺旋就不成立。自我评估会带来的挑战在于可能让行动研究无限循环、永无止息。行动研究者与合作研究者永远不会达成最终结论。为此，需要为研究项目设置一定的范围。（下一节将讨论）

创建一个行动研究项目

所有实践工作者在创建行动研究项目时都会遇到的挑战是：他们通常只关注研究问题本身。本章开篇便建议研究者将研究问题置于具体环境之中，但实际经验却表明，这是行为研究项目最艰难的环节之一。行动研究者，同时既是实际工作者又是"内部"研究员，必须让自己与同期进行的其他实践相分离。如果研究的最初环节，包括自我反思，已经结束的话，那么做到以上这点会很容易。接下来的环节就是找到研究问题以及该问题的界限。

活动 11.3：我对什么感兴趣？

关于行动研究的文本通常会为如何找到出发点提供优秀的建议（详见扩展阅读书单）。本活动被许多实践工作者用来帮助他们聚集观点。

关于你对什么感兴趣，可以写下一段文字。别花费太久来思考，规定一个时间（只有15分钟），然后开始写。15分钟结束后，立即停止写作。找一个荧光笔画出已写下的这段话的关键词。这些词或许是名词、形容词、动词或者副词，但它们都是你的实践过程中的重要关键词。可以将这些关键词分组、按照优先顺序排列出来，找出那些不相关的词，划掉会误导你的词。之后，为你的研究选择五个以内的关键词。将这些关键词组成一个问题……这就是你的研究问题。

"计划—做—检查"，这一简单的口头禅能帮我们找到行动研究螺旋上升图的主要步骤。不管研究者是否与他人合作，也不管是在自己的班级还是其他环境（比如同事的班级），一定要建立一个研究的界限。许多实践工作者只需要确认他们不会研究什么而设立自己的界限。这些可以通过其他项目来完成，但目前的重要任务就是要清楚自己将要研究什么。

结语

如果教师自身是优秀的实践工作者，同时又在思考自身工作的时候采用反思性实践活动，那么他本身就已经是行动研究的范例了。学校里的其他成员，比如助教、后勤人员甚至是学生，都可以成为行动研究者或者合作研究者。行动研究的要素与有效实践活动的要素相类似。行动研究项目为全校所有的实践工作者提供了可以影响到实践的可能性，即通过行动研究者严格、有效的行为来探索他们的实践。探索的结果将改变实践并且促使自我反思与自我评估的实现。

进一步思考问题

- 你如何理解行动研究的价值？
- 你是否对某些研究问题感兴趣？
- 如何来推广行动研究？

资源与拓展阅读

Hopkins, D. (2008) *A Teacher's Guide to Action Research*. Maidenhead: OUP – a clear description on how to conduct classroom research, with good chapters on analysing and organizing research.

McNiff, J. and Whitehead, J. (2005) *Action Research for Teachers: A Practical Guide*. London: David Fulton Publishers – a very practical guide.

参考书目

Alexander, R. (1992) *Policy and Practice in Primary Education.* London: Routledge.

Assessment Reform Group (1999) *Assessment for Learning: Beyond the Black Box.* Cambridge: University of Cambridge School of Education.

Burton, N., Brundrett, M. and Jones, M. (2008) *Doing Your Education Research Project.* London: Sage.

Carr, W. and Kemmis, S. (1986) *Becoming Critical: Education, Knowledge and Action Research*. Lewes: Falmer.

Kemmis, S. and McTaggart, R. (2005) Participatory Action Research, in N. Denzin and Y. Lincoln (eds) *Handbook of Qualitative Research*, 3rd edition, pp. 559–604. London: Sage.

Pollard, A. (ed.) (2008) *Reflective Teaching: Evidence-informed Professional Practice*, 3rd edition. London: Continuum.

Schon, D. (ed.) (1991) *The Reflective Turn: Case Studies in and on Educational Practice.* London: Teachers College Press.

Sikes, P., Measor, L. and Woods, P. (2001) Critical Phases and Incidents, in J. Solar, A. Craft and H. Burgess (eds) *Teacher Development: Exploring Our Own Practice.* London: Paul Chapman Publishing.

Somekh, B. (2006) *Action Research: A Methodology for Change and Development.* Maidenhead: Open University Press.

第三部分

放眼外部

12. 迎接英国教育标准办公室的检查
13. 创建有效网络

迎接英国教育标准办公室的检查

芭芭拉与格雷厄姆·索尔特马什

督察员的胳膊下边夹了个笔记板，脸上带着常见的权威表情打开了六年级的教室门，走了进去。督察员可没有想到，一位来自当地旅行家庭的可爱男孩——诺亚·特罗特大声并坦诚地告诉他的老师："哦！哦！看呀老师！乐施会①来了！"这样一喊，倒让教师和督察员都放松了，笑了起来。坚冰破除后，那节课上得棒极了。

这就是本章的目的，能够让你如上述案例那样。换句话说，并不单单是为了应付今天来明天走的Ofsted巡回督察员，而更是要达到Ofsted所要求的自信的、能胜任的优秀实践以及课堂标准。

Ofsted的历史简要介绍

Ofsted是英国教育与儿童服务技能标准办公室（The Office for Standards in Education and Children's Service and Skills）的首字母缩写，是一个涉及面广、影响力大的所谓的半官方机构。该办公室成立于1992年，早期的皇家总督察官是克里斯·伍德黑德。当年他提出的针对学校以及教师的粗略要求标准在今天的教育机构中已不适用。该办公室的目标就是要将各个不同的督查团体整合为一处，并制定学校会为之努力的、全国范围通用的检查标准。

---

① 乐施会是一个具有国际影响力的发展和救援组织的联盟，1942年成立于英国。"助人自助，对抗贫穷"是其宗旨和目标。——编者注

当时，全国的学校基本上每三年就会接受一次例行检查，但如果办公室认为学校不合格的话，检查频率则会有所增加，检查过程也会格外严格。当时，检查结果主要分为：优异、很好、好、满意以及不满意。不合格的学校将会被认为需要"特殊检查"，这一分类目前也在延续使用。在2005年9月之前，学校会提前两个月接到检查通知以便做准备，检查的时间为一周。这个系统被大家诟病，因为长时间迎接检查不仅打乱了学校的计划，检查本身也很难反应学校的真实特点。

目前，大多数学校实行一个名为"额外的督察员"（AI）的例行检查。这些督察员来自"检查服务提供商"（ISPs）的外部公司。目前，大多数AI都是具备高级水平的教师，只有很少的检查团队还在延续旧制度，保留一些"非专业检查员"，这个岗位在几年前已经取消了。

对于中学与预科学校来说，大多数检查都是由皇家学校督察员（HMI）带领一支AI队伍来进行。HMI领导的检查队伍可以查出大多数诸多方面的问题。小学的检查通常由资深的AI带队，这被称为"第五项检查"，指的是按照立法章节来规范检查程序。目前，学校会被评为优秀、良好、满意以及不能胜任。

从2009年9月开始，被评为优秀或者良好的学校将实行五年一检而非三年一检的政策。但这也取决于第三年检查之后的风险评估结果。为了帮助Ofsted决定一所优秀或者良好学校是否可以超过三年接受检查，皇家督察员将综合考虑有关学校绩效的各方面信息资源。这被称为"临时性评估"。

2011年的教育法案建议，被评为优秀的学校除非在绩效上遇到了问题，否则不需要再接受定期常规检查。同样，Ofsted需要实施一套风险评估标准，监测学校是否需要检查。

临时性评估会考虑如下方面：

- 学生的成绩——包含各个重要学生小组的成绩，关注特殊需要学生的成绩以及在核心科目的成绩
- 学生的进步——包括不同小组的学生的进步
- 学生的出勤
- 最后一次"第五项检查"之后的所有Ofsted的检查

- 家长或看护人的所有合理的投诉
- 其他能够引起 Ofsted 注意的重要问题，比如来自当地政府的意见等

从 2012 年起，常规的检查框架已经经历了几次重要的修改，但仍然会考虑学校的自我评估证据，尤其是在确定学校是否需要检查的时候，会考虑家长或看护人的观点。政府称将出台更加严格的行为检查，而且这些检查将针对被评为不能胜任的学校能否取得快速的进步。

Ofsted 框架与评估安排

Ofsted 称检查学校的目的是为了给学校提供一份有关学校运作效率的独立的、外界的测评，通过亲自观察，提供一系列证据，来判断学校应当采取何种措施才能得到提高。Ofsted 的学校检查报告包括一份对学校成就的手写评论、学校条件的质量（尤其是师资质量以及对学习的影响力）、领导力与管理能力的效率以及学校的提升能力等。

这些学校检查项目主要有以下三方面的功能：

- 为家长/看护人提供信息，以便他们可以对自己孩子正在就读或者即将就读的学校的办学成效有一定的了解。
- 让国务卿（与议会）对学校的运行有所了解。这些检查可以保证学校满足最低标准，让民众对公款使用有信心并支持问责制。
- 促进每所学校以及整个教育体系的提升。

就在本文的写作过程中，Ofsted 也正在接受咨询，以便重新修订学校检查框架。新的框架将涉及四个主要领域：教学、行为、领导力与成就。针对新的框架，Ofsted 将进行测试、评估，在框架实施之前与一些学校针对某些方面进行讨论，并且将设置多个检查试点。很显然，对于一些提议的实际运用，Ofsted 也会听取督察员的意见。

目前可以确定的是，那些"良好"与"优秀"学校会接受每三年一次的数据分析。优秀学校不必再接受定期检查，而良好学校则需五年一检查，学校可通过 Ofsted 网站提交检查申请。的确，在新的框架之下，任何学校如果

已经为申请特权做好了准备就可以自己要求接受检查。不过这将会占用特别多的精力！你可以想象学校为检查付出那么多其实就是为了进入某一分类吗？

但我们都相信新的框架会减少对学生安全问题的偏见，这曾经是学校最为头疼的问题，而且有的时候，这个问题会超越常识的界限。变革的提议本身并不矛盾，而且还涉及了之前学校、教师以及专业机构曾经有理有据表述过的担忧。但对行为的关注应当包括对那些被欺凌的孩子们的采访。

虽然有的方面没有被重点强调，比如精神、道德、社会以及文化发展，但这些内容作为学校的重要特征在未来并不会被忽视。有人认为社区凝聚力这一特殊的方面会遭到抛弃，因为它不精确的定义确实为学校以及督察员带来麻烦，尤其是小学，真的很难遵守这样描述性的定义。

督察员应当多花点时间在课堂上，关注学生的成绩和进步速度。督察员还应当走进小学课堂倾听小学生的阅读。

2012年起，检查框架的主要提议通常包括：

- 学校提供的教育质量报告，优先介绍学生的成绩、行为和安全情况，师资质量以及学校领导与管理的质量。
- 学生的精神、道德、社会性以及文化发展，以及教育能够以何种程度来激发每一位学生实现潜能，尤其是那些残疾学生和特殊教育需求的学生。
- 对于教与学，要做到更进一步改进，更强调其重要性，也给予更细致的观察。
- 评估成绩的时候，尤为注重考查学生的成绩与进步速度。
- 着重关注小学生的阅读能力与计算能力，关注中学生的读写能力。
- 关注相关的进步，而非只注重与环境关联的、增值的指标。
- 更加注重学生行为的报告，尤其要关注课堂与学校周围的行为指导。考虑学生的安全以及免受欺凌、骚扰的困扰。
- 专注于师资质量的评估，并且使用可以提高学习效率的评估。
- 评估小学阅读的授课情况以及中学读写能力的授课情况。
- 领导与管理的效率，尤其是教与学的领导力。

- 侧重于教学质量、学生成绩与行为，以及领导与管理的影响，包括学校提升学生精神、道德、社会性以及文化发展的方式等等的整体效率。
- 关注预科学段与早期发展阶段的报告，而并不只专注于进行中的某个单一环节。

未来，出于对某些特殊学校的关注，Ofsted 将会更加注重检查申请。申请检查可能是由于学校的绩效出了问题，也可能是跟行为或者考试成绩的下降有关。家长、当地官员或者管理机构也可以提出类似的检查申请。

关于评估安排以及督察员的判断标准，还有框架，都可以通过登录 Ofsted 网站查询。督察员需要衡量特殊方面的信息平衡度，才能按照优秀、良好、满意或者不能胜任的评估标准来给出最终判定。有一点很重要，即督察员一定要根据被检查学校的环境来使用分级的评估标准以及相关的指导大纲。当学校发现督察员的判断标准有失偏颇的话，他们会更加积极地提出异议，毕竟督察员无法了解全局情况，所以，学校的高层领导就需要做好提供额外证据来支持他们异议的准备。

Ofsted 到来之前可以实际做点什么

记住，现在，你只有两天时间了。下面会涉及的内容大部分都是优秀的实践活动。可以采用一些速效方案，不仅可以有助于督察员的检查，也可以帮助学校平稳度过检查过程。

好的实践（希望已经到位了，要记住的是，督察员可以发现"油漆未干"的事实！）：

- 一个催人向上、组织严谨的学习环境；
- 一些相关、近期的、互动的展示；
- 展示目标与学习墙；
- 组织相应资源来确保独立学习，并且满足所有学生的需求；
- 标记工作并更新，按照学校的标记政策对工作进行标记，并展示学生（相应年龄）已经能够完成标记评语的下一步计划与证据；
- 能够展现差异性并且评估学习机会的教案，包括适当地对助教的工作进行安排；

- 了解学校的学科情况（如果你是课程领导的话）、长处以及需要发展的方面有哪些？要明确你对课程的见解，比如课堂观摩、学习辅导以及工作检查等。如果参加过RAISEonline活动的话，要熟记学校数据。是否有个别小组成绩很好或者成绩不良？
- 学生也了解他们的目标与下一步计划。

一些速效方案

记住，你最多只有两天时间准备。所以，当你听说督察员即将到来的时候，可以尝试以下做法：

- **不要惊慌**！如果上面的优秀实践已经部署到位，那么请自信一些。
- **让高层领导团队提前做准备**。除了各种形式的评估数据之外，还可以让高层领导准备一些组织方面的事宜。Ofsted可以在网上查阅这些信息，以及上一次Ofsted的报告和RAISEonline的数据。尽管学校评估表格并非法定表格，但学校都需要依据这个表格进行检查与评估。那么高层领导团队如何能够帮助督察员？可以参照以下条例：
  - 地图，这样督察员就不会迷路！
  - 检查阶段的时间表；
  - 教师名单、班级名单以及角色和责任；
  - 提供工作环境（一个橱柜可不够），还要有桌子以及成人的座椅；
  - 便于使用电力；
  - 茶点——这通常很受欢迎，还可以显示学校是如何接待访客的；
  - 使用便签制作一个数据指示牌，这样便于督察员查找数据，要知道时间是很宝贵的；
  - 确保所有员工都了解前次检查通报所提出的问题。这些都会是督察员追查并关注的中心问题。

作为课堂的实践工作者，你能做什么

- 提供一份班级的座位计划以及学生名单，包括哪些学生是SEND、

EAL 以及 FSM，以及性别平衡情况。
- 确认班级出勤人数以及被检查到的那节课的缺勤人数。这可以写在白板的角落里。
- 确保你的教案中清楚地说明需要哪些助教（如果需要的话）以及他们可以参与哪些环节。接下来就是一个对实践非常有用的建议：确保助教知道课程目标以及自己需要承担的义务，尽量避免让助教毫无关联地坐在地毯上。这绝对是个坏主意，因为督察员一定会评论助教的情况。
- 确保你有两把椅子（成年人座椅最佳！）提供给督察员和同行的参观人员。
- 让班里的学生准备好接待访客。督察员会很欣赏他们的微笑与问候。
- 确保课堂温度有利于学生学习。
- 确保教案与以上信息都放在督察员的座椅之上（多复印几份以备他们会带走）。
- 如果从来没使用过综合性授课方式的话，那么检查当天也避免使用这类方法。检查的第一天绝对不是测试你的聪明程度或者冒险的最佳时机。尽管这么说，也要确保你的课程紧凑又激动人心。安全稳妥最重要。
- 记住，一定是课程吸引学生，这能够帮助你做好行为管理——地毯上坐 40 分钟，然后进行 5 分钟的独立学习并不利于教师管理课堂。新框架重点关注的是在教室和校园开展活动。
- 如果有必要在课堂中途停下来，就不要害怕这么做。努力做到跟平常表现一样。没有人喜欢被检查，记住，督察员也会觉得紧张呢！

需要准备的一些事情

联合观摩通常是由督察员和一名高层领导团队成员，往往是校长，来共同完成。该活动是为了验证学校对于教学和学习的判断。如果学校需要的话，会由 Ofsted 的一位高层领导提供反馈意见。

通常情况下，督察员会在教室停留 30 分钟左右，他们会跟学生谈谈话，或者检查工作。如果一位督察员在你的教室里停留了至少 20 分钟，那你就可以在当天要求拿到反馈意见。你可以决定是否找到督察员要求查看反馈意见。

在大型学校，并不是每一位教师都会被观摩课程，虽然督察员也会尽最大努力尽量多地观摩学校课堂。

如果你是学校的课程领导或者是特殊教育协调人、佛林德斯在线学习或者是英语为第二语言教师，那你极有可能被要求与督察员谈话。不要强迫自己记忆所有事情，你可以带着相关数据，但切记要熟悉这些数据。

督察员到来之前

检查团队的领导通常会与学校校长举行电话会议，讨论前一次的检查通报。检查团队的领导会通过互联网查找这些数据，比如 SEF、RAISEonline 以及前次检查报告等。

通过分析学校数据并与校长沟通讨论，本次检查的主要焦点将会浮现出来。你要让自己了解这些焦点都是什么。

检查开始

一旦学校进入 Ofsted 检查阶段，不用说，全校上下都处于一种精神紧绷的状态。但紧张的不止是学校方，督察员自己还需要在规定时间内组织开展工作。很少有来自当地的督察员，通常情况下，他们会从外地来，自然也不了解那些会对学校产生影响的当地问题或者事件。他们通常会住在学校附近，而且彼此之间也不熟悉。学校将会拿到一份所有专家的资料简介，包括每个人的专业技术或者专长介绍。比如有的督察员擅长某个科目的学习技能，或者早期教育阶段或者预科阶段。他们肯定会阅读学校自己写的自我评估报告，但这恐怕不能提供督察员想要了解的所有信息，这就是为什么检查团队的领导会在检查的过程中一直与校长保持紧密的合作关系。大部分检查将会在两个工作日内完成，但有一些督察员只在学校停留一天，通常是第一天。检查团队的规模根据学校在册学生的数目而定。比如，只有一种入学形式的小学可能只需要两名督察员，而且其中一人大概停留一天后便会离开。大型的中学则会配备较大规模的检查团队。

从督察员的角度看，每天早上八点钟开始检查工作。学校会为检查团提供一个可作为工作基地的合适的房间，但在一些比较小的乡村学校，可能工作台就是钢琴的盖子。督察员们会讲一些他们遇到过的很有趣的故事，从大篷车一直讲到村庄的小教堂甚至是长老。在校长的陪同下，他们会简单参观一下学校，这样每一位督察员都会熟悉学校的布局。督察员也非常了解学校会承受巨大的压力，所以现行框架的优势就在于督察员与学校一同努力来将学校的优点发挥到最大。所以，在自我介绍与交流的过程中，千万不要害怕，因为督察员会愿意倾听。同时也要告诉孩子们不要拘谨，要乐于助人。有时候，督察员不熟悉学校的路，通常会找学生做向导。一个统一的约定就是，督察员绝不会未经允许就进入或者使用教师工作室，你可以在这里"避难"！

参观之后，检查团会对全体职员做一个简短的介绍，检查团队的领导会向大家解释针对学校的检查过程并且通知大家什么时候可以拿到督察员观摩课堂的回馈意见。之后，检查团会进行内部会议。每一位督察员将会被告知自己所负责的检查范围并且会派发检查框架。比如，一个团队会负责检查安全防护措施和保健指导服务。但在与主要教师座谈的间隙，检查团会按照年龄组或者学科的划分来走进课堂。学校应当为检查团提供时间表、数据、政策文件以及更多类似信息。

第一天的午餐时间，检查团会再次召开内部会议，或许这次会议针对的是学校的某些方面，比如行为，先初步形成暂时性的观点。检查团会邀请校长参加所有会议，也正是这个时候，学校或许会希望——也有可能是被要求——提供一些额外的证据来帮助检查团就学校某一方面问题作出判断，比如提供某一个年级组的教材来查阅书上的标识、手写准则／工作标准或者其他一些检查团认为有必要的材料。第一天结束的时候也会召开内部会议，这时候会形成一些更有理有据但依旧属于暂时性的判断。

检查活动通常会在第二天的午餐时间结束。这时会召开最终会议，校长也会参加此次会议，而且所有的检查分数也会被敲定。当天的稍后时间里，检查结果会反馈给高层领导、管理者以及当地政府代表。在随后的一周到十天的时间里，检查团队领导会修改检查报告并公布于众。

督察员到访

督察员会关注课堂观摩。这会参考前次的检查通报。这就是为什么要公开前次的检查通报并且让大家了解检查分数很重要的原因。

很有可能每一堂课的焦点都不同。当然，这一点应当体现在以下方面：教案、可使用的资源，以及教师在课堂上采用何种方式进行帮助。有时候，数据显示学校里或者某一小组内有某些特殊学生的成绩不良，这就会成为检查的焦点。

督察员也会与学生谈话，问一些与课程学习相关的问题。笔者无意中听说了一个学前班里的故事，当时孩子们正在研究漂浮与下沉。当督察员向一个正在使用不同材料做实验的小男孩提问的时候，小男孩回答木头会漂浮。但问小男孩金属是否会漂浮的时候，小男孩肯定地说："金属下沉。"督察员将一个别针放在水面上，别针漂了起来。"你觉得为什么会这样？"小男孩沉默了很久，接着，这位机灵的五岁小男孩回答说："你想看我的新背心吗？"

让督察员感兴趣的通常包括课程进度、会影响到所有学生进步的因素，以及学生是否了解自己的目标，为了达到目标还需要做什么或者已经完成了哪些目标等。

行为是如何影响学习结果的？是否有许多低级别的破坏行为？记住，如果发现学生因为教室有访客而故意捣乱，那就一定要中止授课。这就是为什么一定要做好迎接检查的准备。千万不要助长学生这方面的气焰，否则真的是自找麻烦。应当提前对学生解释我们为什么希望让别人看到我们学习的最佳状态。最好的办法是，当看到督察员出现在门口，大方欢迎他们，并对课程做一个简短介绍，或者找一个"靠谱"的学生来回答督察员。

一般来说，督察员都会寻找以下方面的证据：

- 成绩
- 学习与进步，将不同组群的学生的学习与进步纳入最终考核
- 行为
- 教学

- 辅助学习的评估
- 课程
- 关怀、指导与帮助
- ECM 的各个方面（见下一节）

如果采集到了足够的证据，督察员也会对证据进行评分：(1)优秀；(2)良好；(3)满意；(4)不能胜任。

可以登录 Ofsted 网站熟悉评分标准，或者阅读框架的相关部分查找评分标准。

记住，在收到反馈意见的时候，一定要想一想"如何才能做得更好或者如何能够进一步提升？"要大胆地解释为什么某节课你会采用一个特殊的活动。比起督察员，还是你更了解自己的学生。

每个孩子都重要

2003 年 9 月发布的《每个孩子都重要》(Every Child Matters，ECM)是英国政府对于儿童服务的愿景。这是在维多利亚·克里比的惨案之后出台的政策，这个孩子被自己的监护人虐待并在家中被谋杀，尽管当地的社工都了解她的情况，却没有阻止悲剧的发生。这引发了社会范围的质疑，并促使儿童保护问题在各个方面都发生了重大变革。2003 年 9 月，作为儿童服务的重整，政府推出 ECM 并规定了儿童与年轻人的五个重要指标：

- 健康
- 安全
- 快乐且有所成就
- 做出积极贡献
- 达到良好的经济状况

议会随后通过《儿童法案》(2004 年)，这成为了为儿童服务的、长期改革方案的基础。Ofsted 引入了当中所有的概念，不仅实践这些概念，还严格检查学校与其他机构是否能够按照这些最基本的标准关怀儿童与年轻人。

就学校的检查而言，Ofsted 将对以下方面进行综合、全面的检查：安全感、学生行为以及接受健康生活方式的程度。在学校接受检查之前，学生与家长都会填写调查问卷，他们的答案也会成为检查上述方面的证据。大部分的检查时间都花费在评估安全防护过程的有效性上，这也被称为限定性判断——换句话说，如果学校仅在这方面没达标，那么就不要期待能有什么举措可以改变检查结果了。再换句话说，如果这一方面没达标，那么整个检查结果就认为是失败的。一定要仔细阅读框架中关于安全防护的标准，你会发现涉及面真的是很广泛。

在课堂上，教师可以证明学校是如何运行这些举措的。每位进入教室的督察员都会在一张标准证据表格上填写观摩与评估意见——口头上我们称其为 EF（evidence form）。在 EF 的底部，会有一栏是专门让督察员填写学校是否满足 ECM 标准。这一栏会涉及安全、健康、对社区的贡献、经济状况以及学生精神、道德、社会性与文化（spiritual, moral, social and cultural, SMSC）发展的程度。

我们绝不会在本节命令教师应当在课堂上做什么、不应当在课堂上做什么。也就是说，你不必无时无刻按照 ECM 的要求去上课，比如去上一节数学课，那会显得很可笑，也会让学生觉得很可笑。

但很显然，重中之重的一个要求就是，一定要确保教室或者其他环境对于上课的每一个人都是安全的。一定要时刻警惕健康与安全问题，还要对可能的风险进行评估，比如在科学课或者体育课会遇到何种风险。行为也是安全的重要部分。

督察员非常乐于看到生活中真实的学习，因此你的教学自然会帮助督察员注意到你的课堂关注了学生的健康和经济状况。同样，在庆祝我们的自然世界、人类多样性和传统的时候，你也会发现我们的周围出现 SMSC 的各方面要素。其实，当你在课堂上满足部分或者所有的 SMSC 要求的时候，你会体会到富有成效的那种乐趣，而 SMSC 无疑也可以让你的课堂大放异彩。

结语

记住，大多数 Ofsted 督察员都了解学校的领导力。他们会在自己的专业生涯中检查数百所学校。第一印象固然重要,但也不要太过火。千万不要犯类似于虚构学校特征的错误,相反,一定要发挥自己的长处。举个例子,几年前的一次检查当中,当督察员一进入接待区域,他们就碰到了一个装满水的充气式儿童嬉水池,就在接待前台的正前方。一位督察员一脚踩入了这个20厘米深的凉水中,待他努力站稳后,生气地质问这是什么东西。校长慌忙跑出办公室并努力向督察员们和几位窃笑的学生做出解释,告诉他们这是学校"安定心神的泳池"。这绝对不是检查的良好开端。

进一步思考问题

- 一个能够让督察员看到学校的形象的好办法就是:假设自己就是一名督察员。当你第一次走进接待区的时候,你希望看到什么?
- 你希望注意到的第一件事是什么?或者再确切一些,你希望别人注意到什么?
- 布告板上面是如何介绍学校的?
- 是否清晰展示出了学校的价值观与愿景?
- 你的学校是否具有社群意识?比如,是否有社团和学校理事会的布告板,是否有政府信息与家长的布告板?
- 是否以专业但又温暖、友好的方式来欢迎访客?
- 是否确定实施了针对所有访客的学校安保政策,比如签名、访客身份证以及疏散/消防通道?

关于学校内部与周边
- 假设督察员使用"学习辅助"工具,他们会看到什么?
- 学校是否干净整洁,有没有垃圾或者涂鸦?
- 卫生间是否干净?
- 学生的态度与行为如何?

- 拥挤时间段内，楼梯、走廊与楼梯平台是否有人监管？
- 出口是否有明确标记？是否畅通无阻？
- 引导标示是否清楚？访客是否能够轻松找到去所？
- 是否能够遵守健康与安全政策？
- 操场上的座位是如何安排的？
- 操场标记——清晰还是褪色了？

关于教室
- 你的教室是否有"居家风格"？
- 教室是否布置得很有条理，并适于学生独立学习？
- 教室是否是人性化的？是否可以帮助学生克服学习与活动的障碍？
- 是否所有设备都正常工作（比如电脑、交互式白板、时钟等）？
- 是否有足够的空间方便小组活动或者个人活动？
- 是否已经移除了破损/破坏了的家具以及教学设备？（这在早期阶段尤为重要。）
- 供热与换气设备是否够用？
- 是否给访客留有空间？
- 学生的用书是否触手可及？是否清晰分类（并且被恰当标示）？
- 展示区是否涉及所有的学生？
- 是否能轻松找到班级与个人的目标？

资源与拓展阅读

www.education.gov.uk/everychildmatters (Every Child Matters) – even for the current government, this still contains important ideas.

www.nationalcollege.org.uk

www.ofsted.gov.uk (Ofsted Framework and Evaluation Schedule) – it is very important that you are aware of this.

The Children Act 2004 http://www.legislation.gov.uk/ukpga/2004/31/contents

创建有效网络

卡洛琳·达根

Web2.0已经彻底改变了信息容量并超越传统教育背景（博客与维基），为用户提供了更多的学习机会。网络上大量的论坛与信息目录也让网络变得生动、丰富。本章将讨论如何建立一个专业的网络以及如何将网络作为资源工具有效利用起来，让所有连接用户都能够分享技能、态度与知识。

网络化——我们指的是什么？

网络是：

- 为组群、个人的普遍或特殊目的建立联系。
- 焦点和目标是各个连接器的纽带。
- 通过工具与科技的分享，提高同行之间的互动水平。
- 用来帮助专业发展，以及作为资源工具来帮助组群实现一个共同的目标。
- 忠于既定的一整套价值观与信条，同时通过促进双方互利的人际关系来帮助人们实现目标。
- 提供信息，以便人们可以为了提高专业实践而做出重要的决策。

网络化：

- 可以提供一个客观、成熟的机会帮助解决现实中的困境与问题，并且可以与其他相似人群建立联系，找到一个常见的解决方法。
- 为信息、经验、观点与解决方法的分享提供空间与合理性。
- 作为包容性的活动，将富于想象力的多样性和自由思想相结合以求得最优发展。
- 通过与行业专家建立有效关系来获取影响力。
- 建立双方互利的组群来确定并完成既定目标。

网络化就是相互关联

网络化需要一个强有力的关注点，组群或个人之间的对话与联系都是为了：

- 与其他持相似观点的人联系。
- 与这些有联系的人结交或者保持联络。
- 保持通信联系（手写或网络）。

网络使用者可能会担心的问题

如果你感觉在你无法掌控的社交场合下会很不舒服的话，网络化也会让你感到类似的不愉快。20世纪的网络使用者与网络化都让人感觉彼此分离，并且善于摆布操控。这对于专业网络化是种误解，但人们仍会持有类似感觉，因为在一些公开宣传的信息中，比如商业世界里的一些浅薄的自我定位与操控他人的行为、电影《华尔街》里"贪婪是好事"的形象、"没有社会这回事"的政治信条以及一些20世纪八十年代的类似雅痞团体的贪心与贪婪，这些形象深植于人们的脑海之中。

所以，我们需要将网络化还原至真实的专业环境当中。在此，我们所指的网络化是出于纯粹的信念和兴趣点将不同的专业联系起来，用于随时随地地收集信息和提供帮助。在不考虑是私人部门还是公众部门的情况下，只要网络使用者的输入是真实、透明的，网络就会产生有目的性的人际关系和激发性的相互作用。有影响力的网络的强大力量在于，它可以建立有价值的人际关系并且将所有机会最大化。如果要澄清网络操控他人的问题，网络化背后的意图至关重要。如果网络的目的包含强烈的道德目的，比如提高每个人的学习经历和学习环境等，这就会大大降低组群操控他人、肤浅化或者个人导向等问题的发生概率。

教育或者健康领域的网络化其实是影响他人向着更好的方向发展，因为倘若我们每个人都身体健康、掌握读写和计算能力的话，这对整个社会都有益处。如果人与人之间不存在信任、共同价值观与获益性，那么网络本身也不可能维系或者发展，而这些正是网络的基础。当然，不排除个人或者团体会滥用网络，但也正如前面所述，只要所有行为意图都真正出自学习这个出发点，那基本上就不会发生任何操控他人的或者消极的行为。

我们不需要接受那些在我们建立的小组或者加入的小组中存在的消极的网络化前提。通过确立我们网络化思想的核心理念，我们就可以克服上面这个问题。如果我们忠实于所制定的网络化组群的目的与目标，并将这些设定为一线教育者的道德使命，那网络就一定会蓬勃发展。网络也会肩负积极、便捷、慷慨、目的性强的功能。

网络的目的

为什么个人及组织要开展或者加入网络？

- 建立认识新人的途径
- 建立新的学习平台
- 建立新的知识论坛
- 寻求解决旧困境的新方法
- 让相互分享的社区得到更好的发展

创建一个本地范围内、全国范围内或者国际性的网络的益处有哪些？

- 资源库
- 支援库
- 绩效库
- 知识库

我们可以使用首字母缩写来显示小组的核心目的以及对网络的需求，这也会让他人对该小组有进一步了解。比如：

谈判（Negotiating）——交谈、影响以及说服的方式；

承诺（Engagement）——通过类似的情境、价值观、精神与核心目标来鼓励并连接各个用户；

谈话（Talking）——将讨论、辩论与对话作为获取共同目标与结果的环节之一；

共事（Working with）——通过个人之间或者小组之间的协同合作来创建一个符合预期发展的网络；

组织（Organising）——为小组设定一个焦点和（或）方向以便可以设计出有利于组群发展的情境与事件；

人际关系（Relationships）——在社区、团体以及个人之间建立友好与信任的关系、促进互利；

知识（Knowledge）——在生活节奏变化迅速的21世纪，掌握对所有人都有益的新的学习平台、研究、前沿性的实践和最新信息等；

帮助（Supportive）——一个可以冒险、分享与挑战自己和他人的学习平台。

网络化与人际交往关系的关联理论

网络化受到了六度分割理论的影响，该理论源于弗里杰什·卡林西于1929年出版的《链》（*Chains*）。该理论认为每个人都会与另外一个人通过不超过5个中介人的熟人链而产生关联。2001年，哥伦比亚大学的邓肯·瓦茨继续了这个理论的研究，并且将其运用至互联网领域。他使用电子邮件作为传递的焦点。随后，瓦茨研究了来自48,000位邮件发送者、19个目标与157个国家的数据，发现中介人的平均数就是6，这与卡林西最初的研究相吻合。所以，学校的网络小组也可以运用六度分割理论来创建网络。

下一步的实践将是什么？

不管你是希望加入其他小组还是建立自己的网络，你都需要考虑各种不同的问题。同时，还需要找出并且确立自己的网络化目标。

> **思考问题**
>
> - 我们应当建立自己的小组吗？如果需要，我们该怎样做？
> - 如果不需要，那么加入其他小组如何能够促进自己学校的发展？
> - 如果确定要加入其他小组，那么或许需要思考一下这些问题：
>   ◦ 创始人是谁？
>   ◦ 组织人是谁？
>   ◦ 如何组织小组？
>   ◦ 有何影响？
>   ◦ 小组的精神和成功案例有哪些？
> - 会带给你 / 小组哪些明显的收益？
> - 你 / 小组需要何种时间资源输入？

开始入网

在入网之前，需要知道什么？

学校需要明白到底与谁接触会最有成效。有一个不那么令人愉快的事实就是，并不是你联系的每一个人都适合与你建立网络，或者也并不是一位有价值的网络人，但这也不意味着所有非目标性的个人都没有价值，更不是批评哪个人。这可以说明为什么评估标准很有必要，而且需要学校去制定，这样学校就可以准确找到效率最高的团队 / 个人。建立网络的时候，有必要先制定一个结构矩阵，比如下面介绍的简单的三层结构矩阵：

确定组——成员都有着相似的关注点，都希望参与其中，可以有所帮助，可能是一位推荐人、利益相关者或者联系人；

可能组——你喜欢看到的人，他也有能力联络，但不太可能如确定组成员那样完全符合标准；

不可能组——那些没有能力贯彻执行网络原则去组建网络的人或者团队，或者没有能力创造网络机遇的个人或者团队。

> **思考问题**
>
> - 学校重点团队的每位成员是否意见一致?
> - 鼓励所有使用者进行头脑风暴来为团队建立一个数据库(详见网络图解)。
> - 就通用的网络化过程达成共识。
> - 设定一个固定的团队时间关注网络化创新,并反馈状况(比如每三个月一次)。
> - 通过内部网络来更新网络化联系的数据库以及联系的输入。
> - 目前这个阶段还有其他问题吗?
> - 我们目前为什么关注网络化?我们希望通过网络化获得什么?
> - 我们位于网络化过程的哪个阶段?
> - 我们的下一步计划是什么?
> - 我们如何在关注网络化的同时也关注学校安排的其他提议与目标?

为团队设定网络目标

思考如下问题并为网络化设定一个目标:

- 我们希望获得什么?网络化如何促使我们达成目标?
- 我们需要与谁有交集?为什么?(头脑风暴各种可能性)
- 我们如何识别最终结果及其影响(评估方法,投资回报)?

设计与构建一个网络化计划

- 设定并说明网络化目的与目标
- 针对团队如何运作才能实现目标,制定策略和步骤。
- 按照数据制定一个成功标准表格,说明如何满足这些标准并时刻依照这些标准工作。
- 对网络化"资产"进行评估。

将目标设定作为网络化过程的一部分

目标设定是一个强大的技术手段,并且能够促进网络化进程。在设定目标或目的的过程中，学校可以自己选择组织、结构、内容。如果明确知晓自己的需求，那么就可以做到集中所有精力达成这个目标。目标设定不仅可以生成一个长期的愿景，还可以起到短期的激励作用。它有助于促进学校专注于知识技能的获得并合理组织资产。通过制定透明、直接的目标，学校就可以收获里程碑式的成功并欢庆成功。

设定目标意味着：

- 收获更多；
- 提高行为绩效；
- 提高动机；
- 提升收获过程中的喜悦与满足感。

有效地设定目标

设定目标的方法可以直接影响到最终的结果。

- 富有激情并注重现实性的陈述：明确地陈述目标。
- 焦点：如果能够设定一个带有结果的明确目标，则可以评估成就。
- 设定优先任务与策略：80%的投入只能收获80%的结果。
- 写下所有的目标，研究表明这将有助于完成目标（比起口头描述，这可以将可能性提高50%）。
- 每日的策略需要具体并且在能力范围之内（例如：人能吃象吗？回答：一点一点来）。

一个有趣的想法——目标并非靶子

一个团队需要设定自身网络的行为化目标，并且在出现其他结果之前设定调整的策略。"没有包治百病的方子。"（戈德史密斯，2008）。这就需要团队能够掌控整个局面。团队也需要让网络忠于最初的道德观念。

如果最初的目标是行为性的，并且以知识或者技能为基础，那你就可以掌控该目标的实现过程。比如，如果我们专注于教育，那么网络小组则要集中于如何提高教与学的质量；尽管孩子们未达到国家要求的水准，但整体学习进度的提高超过预期，那就可以认定完成了目标，也可以庆祝成功了。这样能极大地激励网络化小组并且挑战那些最初设定的目标。

网络化概念适用于很多领域

网络化尤其适合当下以技术为基础的时代，这就意味着不管是婴儿潮的一代人还是千禧年的一代人都能参与其中。

网络化同样要考虑所有关注成年人有效学习环境的研究。成年人在经验中学习：成年人以自己的感悟观察世界，而非按照世界原本的样子来理解世界。使用辅导式的问题可以帮助人们了解到其实有很多方式来了解世界，他们自己看世界的方式只不过是其中的一种而已。而在相互交往过程中的好奇心则有助于使用者有效建立与他人的联系。

成年人通过模仿行为来学习：优秀的实践行为通过对比观察高效的工作与低效的工作而习得。对优秀实践行为的留意与关注则有助于他人了解自身行为与技能的影响力。

成年人偏好特定的帮助：可以通过辅导式问题来建立特殊的人际关系与网络，以便让他们留意到自己面临的主要挑战。

在领导同伴的过程中，与他人进行有效互动可以为他人构建一个核心结构，这有助于建立自信心、提升自尊与动机，这也有助于他人向着目标与潜能前进。那么，倘若我们能够建立一个大环境，将所有成年人都视为学习者而予以尊重，并将提升技术视为途径，我们该如何设定一个让所有人都了解的网络化精神与原则呢？

一个优秀网络工作者的技能与特质

1. **可以进行各种形式的交流**。这是一位优秀网络工作者最具活力的天赋之一。交流的最真实的形态并不拘泥于谈话，事实上，可能恰恰相反。真实、有效的交流也意味着倾听、评估、建立人际关系以及增加他人经验等。梅拉比安（1971）的研究就认为，对于压力之下的人群，言语只能起到7%的交流影响力。相反，越是耐心倾听，则越是能够对他人产生影响。倾听是一个主动的过程，而非被动过程。主动倾听确保了反思、思考或者复述所说内容，这样就保证倾听者掌握了二人之间需要交流的信息。网络化过程中，仔细倾听尤为重要。先问问自己在交流过程中听与说的比率如何。如果口头建议的行为多于倾听行为，那么需要在网络化情境中调整自己的关注点。一个聚精会神的倾听者可以通过了解信息而获益，还能够促使他人成为更好的网络工作者并且为日后到来的机遇提供下一步计划。

2. 一位优秀的网络工作者既可以通过个人表述观点，也可以利用科技表述观点。网络工作者需要有能力并有激情地表述自己的需求与信念，这样他们才能让他人参与并影响到他人。通常情况下，一个60秒的简短介绍就很有用，就好像能够吸引他人参与其中的鱼钩一样。使用简介，你就会知道这不是一个平淡的陈述，而是将自己融入到活动之中。精心制作的陈述，能让听众详尽了解所听到的信息。能够刺激网络化对话的秘密就在于添加连接性的信息，这会让整个过程其乐融融。优秀的网络使用者会检验自己的观点与想法，通过提问而让大家注意到主要的话题并思索答案或者回复。通过这种方式，网络使用者可以更好地了解关键部分以及如何带领小组/个人前进。之后，网络连接者可以与其他网络连接者互惠互利。越是使用丰富的交流语言，就越能让听者获益并感兴趣。

3. 一位优秀的网络工作者将网络视为一种重要工具。很多人都可以感知他人是否不感兴趣或者是否在假装参与。如果参与者对参与的过程并不是真的感兴趣，这会让组织者很没面子。与之相反的情况也成立：你的网络化体验和故事、投入的激情同样也会感染他人！让他人了解网络化为你带来的效益与价值就是让你的信念在网络化过程中得到传递的最佳途径！

优秀的网络工作者需要真诚待人，这意味着不让他人误解自己的动机。他们不会一直与他人争辩，因为他们知道相互分享才是网络化的最佳途径，你的投入有可能成为他人愿意加入的原因。

4. 一位优秀的网络工作者还是富有好奇心的提问者。好奇心是最强大的驱动力，因为好奇地发问并不等同于普通询问或者简单找出信息而已。网络工作者希望他人对网络感兴趣，而通过提出恰当的问题，不仅可以展示好奇心，还可以激励说话者表述更多的信息。提出的问题能够让人与人之间通过情感角度或者专业角度建立联系。缓慢的、针对说话者的提问可以让说话者释放压力，并让说话者有机会表述更大的问题。提问可以帮助他人注意到重要的事件和兴趣点。你是否为了提问而做足了准备并且更新了提问技巧呢？

5. **一位优秀的网络工作者是主动的倾听者**。在不存在威胁的环境中，所有成年人都乐于被人倾听自己的观点与想法。在网络化过程中，对于关键问题的提问其实依赖于主动倾听。每个人都会认为被倾听是一种荣幸，同时也认为提问是对自己的尊重。学会倾听而不是急于谈话，这对很多人都是个难题，但却是一位高效的网络工作者必备的要求。练习积极倾听或许听上去比较不常见，但实际上，我们大多数时候都是假装在听，有限地倾听、自我为中心的倾听者。要知道自己作为倾听者的责任可不是能够长期假装下去的。或许其他人还没有意识到，但他们会"感觉到"你已经发生的变化，这并不是建立联系与信任的最有效途径。完美的倾听者永远都是"当下的"。

6. **一位优秀的网络工作者通过情商来管理人际关系**。这是人际关系发展过程中最为重要的部分。如果你连自己的情绪拦截或者触发都掌控不了的话，那么就会发现管理自己与他人的人际关系尤为艰难。但如果在人际关系过程中完全摒弃了自己的需求与期望，这又无法得到一个独立、有效的网络化关系。

高效的网络工作者不会让自己陷入一个恶性争论的循环之中，因为这毫无生产力。虽然网络工作者也偏好驳回对方的观点，但却不会在损害他人的情况下极力证明自己的正确性。如果他们认为自己需要在批评他人的情况下阐述自己的观点，他们会表达自己认为哪些消极因素会影响到整体而非攻击个人。

自我评估调查问卷将有效评估网络使用者的自身情况。不妨做个测试看看哪些方面需要进一步发展。同组的其他人是否情况与你相同？哪些方面应当提高，怎样提高——制订计划吗？接下来呢？

表 13.1

自我评估	是	否	不确定
在未知条件下依旧很自信。			
可以通过陌生电话联系他人。			

续表

自我评估	是	否	不确定
可以留有空间与他人进行联络。			
擅长记住见过的人的具体信息。			
擅长寻求帮助。			
与他人分享资源、信息与支持。			
娱乐活动很多,参加各类小组与社团活动。			
参与计划好的活动与会议,保留联系人名单。			
通过科技来提高网络专业化。			
有效处理消极因素或冲突。			

了解建立和谐关系与信任的重要性

"在成功的公式中,最重要的一个因素就是了解如何与他人相处。"(西奥多·罗斯福)绝对是这样!罗斯福所说的就是和谐关系,这是一种与他人在同一波长范围内的感觉、一种懂得他人情感并理解他人观点的能力。很多人将建立和谐关系视为一种影响他人的主要能力。关于建立和谐关系与信任,有三个概念需要理解:

- **聚焦目标**——这会让团队有能力开始构建相似的经历、特征、观点、兴趣或者共同的价值观。这是促进网络化过程的强大途径。通过提问与彼此之间的交流可以找到共同关注的目标。
- **联盟**——一旦网络工作者找到了彼此的共同语言,那么他们之间就会自然形成一种共生纽带。这种联盟会产生更多的共鸣,加强彼此的交流。这些联系与联盟会让网络工作者们开启一场根本性的变化,促使他们为了共同目标而更加自由地交流、创新、合作。
- **伙伴关系**——这是好的网络化的核心。和谐关系是建立坚固人际关系最重要的基础。需要寻找那些精于交流技能、能够开展网络化并形成网络化伙伴关系的合作伙伴。这种类型的网络化会为专业对话和教育发展提供一个让人振奋的平台。

教育网络

网络化会议可以是:

- 社会范围的
- 策略性的
- 领导型的
- 实践性的

观众包括:

- 后勤人员
- 教师
- 中层领导
- 高层领导
- 副校长
- 校长

可能的目标包括:

- 寻找解决方法
- 资源库
- 更新信息
- 研究发展
- 专业机遇

相关岗位:

- 课堂助理
- 课堂实践
- 学科实践
- 特殊教育协调员(SENCO)
- 阶段领导

- 课程领导
- 系主任
- 助理校长——新的、下一步的
- 副校长——新上任的、专业的、具备领导能力的
- 校长——新上任的、有经验的系统领导

教育网络化的益处：

- 提高学生们的生活机遇
- 为了满足当代需求而开设专业的岗位
- 促进专业发展，提高专业标准
- 促进技能提高、升级与信息化过程
- 成为辅导与指导回馈项目的一部分
- 允许分享资源、技术与优秀的实践
- 提供模仿、学习的机会
- 鼓励激励性的分享与辩论、讨论、对话
- 引领公开化与研究的机遇

网络化的功能

至于网络化的功能，其实可以通过很多不同的方式来理解，而且每个团队的功能都不相同。可以参考以下案例：

影响——影响国家及本地的政策。这是通过专业化网络而非更为传统的、无政治意义的方式而达成的，类似于医学或者法律领域。

讨论——通过与不同学校的不同教师的讨论，可以获得对政府政策与结果的理解与洞见，并提高对于提议的再次思考与再次重组的可能性。

本地化——较之20世纪或者21世纪初期的方式，本地化小组可以通过更多不同的途径分享教学、学习或者领导力的专业实践。

提议——专业人士的提议可以为那些在大学或者研究所工作的创造者和创新人员提供核心原则。

下一步是什么？

以前认为不可行的观点与实践现在是否可以通过科技来完成？

团队如何通过网络找到本地的专家？如何通过展示已有的获益以及价值观来得到他们的同意？

对于成年人学习，网络可以得出哪些假设？（成人教育学）

学习环境中的网络化

网络化可以成为学校基础改革的重要途径。美国与荷兰的研究证实特定的网络有助于促进学校自身课程的发展。网络化在21世纪第二个十年，尤其是在政府的投入控制减少的情况下得到了迅速发展。网络可以支持和挑战教育学、类比学与方法论学的研究方法，由此拓展专业发展的可能性，改进教与学的实践，将权威性与地位回归于专业主导的发展（或任意领域的实践者）。

网络所有权

这取决于网络正式或非正式的基础（也可能与实践手段相关？）。所有权的主要方面包括：

- 框架内主权分散，无专制
- 形式富于弹性化，但有一个核心结构
- 关注参与者的需求、愿望与欲望
- 接受挑战模式作为网络的驱动力
- 网络中的所有团队皆符合可持续发展的特征

在涉及如何开始组建团队或者加入一个团队的时候，以上这些都是需要着重考虑的方面。

无限的专业化

基于专业分享基础之上的网络将促使学校思考未来的课程、有效课堂实践以及管理和领导力的发展等。了解某一特定领域的研究与前沿知识有助于推进专业化发展。被众多网络团体使用的、起关键性作用的同伴模式可以帮助专业人士进行观察、评估以及检查等，人们从中得到发展、进步，同时避免了专业人士的官僚作风或者外部机构的干涉。接下来，这些专业人士以及与他们类似的人都会成为批判式、反思式的实践者。网络将为专业人士提供一个共享的、强大的背景，促使网络下的教育向前发展，这在经济困难时期尤为有必要。

结语

21世纪是一个通过互联网或者面对面来进行清晰表述，分享技能、智慧以及信息的时代。网络化则是一个将连接者置于专业创新最前沿的过程。网络化会为那些具有超前思维的连接者，即通过世界范围内的网络参与互动的人员，提供最完美的平台。希望本章内容将激发你连接网络的兴趣！

进一步思考问题

- 你需要发展哪些技能？
- 你需要什么样的信息与知识？
- 你需要何种帮助、支援或者联盟？
- 如果创建或者加入一个网络，你将会选择什么样的网络？
- 网络化的目标是否具有可持续性？
- 网络会走向本地化，国家化还是成为世界性的网络？
- 阻碍进步的因素会有哪些？
- 如何让你的利益相关人都加入并且同意推进网络化过程？
- 是否有更佳的前进方式？
- 你不会去向谁提问？

尽管本章没有涉及案例学习，但却参考了与诸多校长、各类专家甚至商界领导的谈话，他们的名字如下。我对他们贡献的观点与想法十分感激，正是有了他们，才会有本章的创作。

关于网络化与网络的讨论

S·伯奇·伍德科克女士，小学校长，伦敦
M·克劳先生，辅导主任，伦敦
R·利克，中学校长，伦敦
F·莫里斯，"未来领导者"的助理校长，伦敦
H·拉威尔，商业顾问，伦敦
珍妮·帕尔梅，南安普顿
邓肯·加伯特，斯塔福德郡
吉莉安·都克斯宗，加利福尼亚
玛吉·阿姆斯，纽约市
罗莎琳德·埃德加，澳大利亚

资源与拓展阅读

Cisco Networking Academy is a global education program that teaches students how to design, build, troubleshoot, and secure computer networks for increased access to career and economic opportunities in communities around the world. http://www.cisco.com/web/learning/netacad/index.html

Cordingley, A. et al. (2003) Impact of Collaborative CPD on Classroom Teaching and Learning. London: IoE: SSRU EPPI-Centre.

D'Souza, D. (2008) *Brilliant Networking*. Harlow: Pearson.

Fisher, D. and Vilas, S. (2000) *Power Networking*, 2nd edition. London: Bard Press.

Gdudaris.com – networking with a purpose and a plan.

Goldsmith, M. (2008) *What Got You Here Won't Get You There*. London: Profile Books.

Karinthy, F. (1929) Chains – a short story which creates the notion of 6 degrees of separation. In *Minden maskpennen van* (Hungary), now out of print.

Knowles, M., Goddard, E. and Speck, E. (2003) Adult Learning documents (1985–2003). Available at: www.jinedupnetworking.com – some excellent guidelines.

Lieberman, A. and Grolnick, M. (1996) Networks and Reform in American Education. *Teacher*

College Record, 98(1): 7–45.

LinkedIn – a professional networking site www.linkedin.com

Mehrabian, A. (1971) *Silent Messages*. Belmont, CA: Wadsworth.

Olson, J. et al. (2010) Changing the Subject: the Challenge to Teacher Professionalism in OECD Countries. *Journal of Curriculum Studies*, 31(1): 69–82.

Timperley, J. (2002) *Network Your Way to Success*. London: Piatkus Books.

Youtube – video for education networking: there are a number of excellent examples on this site www.youtube.com

作者简介

多米尼·宾汉

多米尼·宾汉的研究专注于市场与公共关系，包括公共与私人部门、国际性发展，她曾任职于英联邦秘书处。在伦敦领导力学习中心，她是教育学院的导师，同时也是成人教育的资深教师，致力于研究成年人的学习潜能。宾汉已取得终身学习的硕士学位，目前攻读于教育学院的博士学位。

汤姆·克拉格

汤姆·克拉格于1999年开始执教于伦敦西部的一所综合性天主教学校。他曾在当代外国语言学院连续6年担任院长一职，并兼任"天才学习项目"的协调员3年。目前，克拉格是切尔西学院的助理校长，负责专业发展、关键阶段4的课程以及绩效管理。

卡洛琳·达根

卡洛琳·达根曾担任数年的管理与领导力发展的角色，她目前是针对公共、私人部门的中高层领导的顾问指导。作为资深的指导与经验丰富的调解者，达根帮助团队顺利度过机构变革管理过程，以及提升领导力技能发展。

玛丽·道

在中等教育以及高级领导力方面，达维拥有30年的工作经验。在新员工培训项目以及海外教师培训的项目中，达维都起到了关键性的作用。达维还与加拿大的技术培训有限公司共同研发《职场入门概览》。目前，达维作为一名独立咨询顾问，是许多国际学校的培训指导与咨询顾问。

珍妮·弗朗西斯

珍妮·弗朗西斯博士在学校任职 30 多年,担任过从教师到校长等角色。目前,珍妮·弗朗西斯作为伦敦各学校的领导力培训教师与顾问,帮助并鼓励学校变革与发展。

苏·赫尔曼

苏目前是教育学院伦敦领导力学习中心的主任。对于学校与其他教育机构的领导与管理变革,苏有着丰富的知识与经验。苏不仅是国家校长资质培训项目(NPQH)的培训师,同时也是一系列领导力项目的促成者。目前,苏还担任小学改进顾问与赫特福德郡早期教育中心的副主席。

金姆·英斯利

金姆不仅研究 3 至 11 岁的孩子,同时涉足高等教育。目前,她是教育学院短期课程中心主任,也是高级教育实践项目的项目主任。她的研究领域包括教师专业发展,以及如何帮助孩子走进课程。

露易丝·伊思哈尼

露易丝主要研究内伦敦的小学校长领导力。作为英国教育部与主要国家战略的顾问,露易丝为学校提供咨询,并致力于提高黑人学生的成绩。露易丝也承担国家的教师与校长的领导力开发项目的工作。

波琳·莱昂斯

波琳从事教育工作 35 年。她曾执教于小学、中学与特殊学校,并在伦敦南部的一所小学担任校长。在过去的 5 年里,波琳担任伦敦区政府发展策略顾问,为助理教师提供培训,为家长提供咨询。波琳同时也是伦敦领导力学习中心的国家高等学校领导力课程"从中层领导开始"的促成者。

道格拉斯·迈克多维

道格拉斯担任一所综合性学校的校长 14 年,他曾是当地财政管理项目的领导者。道格拉斯将其策略性财政计划与管理的经验渗透在他负责的章节中。退休之后,道格拉斯为数以百计的校长授课、辅导与咨询。

格雷厄姆与芭芭拉·索尔特马什

格雷厄姆·索尔特马什是代表 Ofsted 的专业督察员。他曾是苏格兰场的高级侦探检察官,英格兰与威尔士的国家犯罪小组检查员。对于领导力与管理、团队凝聚力与安全防护,格雷厄姆有着特殊的经验。他还是一所大型中学的管理者。芭芭拉·索尔特马什也是代表 Ofsted 的专业督察员。她曾任内伦敦区一所小学的校长。在国家高等学校领导力中心,芭芭拉担任顾问、促进者、辅导员以及指导者。芭芭拉擅长的领域是领导力与管理、课程、学校提升以及教与学。

卡洛尔·泰勒

卡洛尔·泰勒是伦敦领导力学习中心专业发展策略的项目领导。她目前与伦敦以及全国的专业发展领导合作,同时也是国家项目的顾问。

琳达·特拉普内尔

琳达从事教育工作 40 年,曾任校长 10 年。在伦敦、迪拜、墨西哥、贝尔法斯特以及吉隆坡的教育与商务会议上,琳达做过数次发言。她是教育与商务背景下解决冲突的专家,为教师与公司职员做培训。在英国、欧洲与中东范围内,琳达还努力推广领导力与管理技能。

图书在版编目（CIP）数据

学校领导与管理的实用策略／（英）玛丽·道主编；田田译．—上海：华东师范大学出版社，2019
ISBN 978-7-5675-8751-9

Ⅰ．①学… Ⅱ．①玛… ②田… Ⅲ．①学校管理—领导学 Ⅳ．① G471

中国版本图书馆 CIP 数据核字（2019）第 035064 号

大夏书系·教师教育精品译丛

学校领导与管理的实用策略

主　　编	（英）玛丽·道
译　　者	田　田
责任编辑	任红瑚
封面设计	淡晓库

出版发行	华东师范大学出版社
社　　址	上海市中山北路 3663 号　邮编　200062
网　　址	www.ecnupress.com.cn
电　　话	021-60821666　行政传真　021-62572105
客服电话	021-62865537
邮购电话	021-62869887　地址　上海市中山北路 3663 号华东师范大学校内先锋路口
网　　店	http://hdsdcbs.tmall.com
印 刷 者	北京季蜂印刷有限公司
开　　本	700×1000　16 开
插　　页	1
印　　张	14
字　　数	145 千字
版　　次	2019 年 3 月第一版
印　　次	2023 年 8 月第四次
印　　数	11 001－12 000
书　　号	ISBN 978-7-5675-8751-9/G·11794
定　　价	55.00 元
出 版 人	王　焰

（如发现本版图书有印订质量问题，请寄回本社市场部调换或电话 021-62865537 联系）